티베트 밀교 무상 심요 법문

티베트 밀교

무상
심요법문

박건주 譯解

| 無上 心要 法門 |

운주사

역자 서문

『대수인원문大手印願文』을 처음 읽게 된 지 어느새 35년이 지났다. 본서가 첫 발간된 지 어언 15년이 되었고, 이미 초판이 절판된 지도 10년이 되어간다. 늦게나마 수정 보완되어 속간되니 기쁜 일이다.

본『원문』을 비롯하여 연이어 읽게 된 몇 종의 티베트 무상밀법無上密法 대수인법문大手印法門은 필자의 수행법을 일약 격상시켰다. 이 법요法要들은 대부분 현교顯教 대승의 일승 법문 내지는 초기 선종의 능가선楞伽禪과 상통하여 상호 이해를 심입深入하게 해주었다. 이전의 전적은 모두 대만에서 출간된 것이었으나 근래에는 대륙에서 이들 법문을 포함하여 여러 대수인법문과 티베트 밀종의 법문들이 출간되고 있어 매우 반가운 일이다.

대수인법문이 이 땅에 거의 소개되지 않고 있는 것을 아쉬워하여 이들 법문을 번역 출간하고자 하는 마음 간절하였으나 다른 작업에 밀리다 보니 너무 많은 세월이 지나버렸다. 이제 더 이상 늦출 수 없다는 생각에 대수인법문 가운데서도 분량은 적으나 무상無上의 대수인법문인 무수대수인無修大手印의 심요心要법문을 담고 있는『대수인원문』과『항하대수인』및『추격삼요결승법』,『대수인

돈입진지일결요문』·『대수인돈입요문』, 그리고 『우대수인십이
종실도요문』, 밀라레빠 존자의 『십만송十萬頌』 중 몇 수의 게송
등을 소개 해설하였다.

심요법문이란 길 없는 길인 마음 수행의 길에서 항상 수지하면서
수행의 지남指南으로 삼을 수 있는 짤막한 몇 구절의 요약된 법문을
말한다. 심요구결이라고도 한다. 그것은 대승 일승선법의 요체이
며, 구경에 직입直入하게 하는 심지心地법문, 무념무수지수無念無修
之修의 법문이다. 여기에 소개하는 대수인법문은 곧 대표적인 심요
법문이다.

항상 지니며 자주 독송하여 그 뜻을 명료하게 통달하면 바로
열릴 것이다. 특히 『대수인원문』은 발원문 형식이어서 매일 독송용
으로 활용하기 좋다. 또한 그 뜻이 깊으면서 간결하여 신심信心과
정진精進의 일상화에 큰 도움을 줄 수 있게 되어 있다. 그래서
각 단락별로 해설한 본문 외에 따로 뒷부분에 독송하기 좋도록
원문을 일괄하여 실었다.

본서가 절판된 지 오래되어 여기저기서 구하는 분들이 많아졌다.
또한 본서를 공부한 분들로부터 칭찬과 함께 고맙다는 인사도
받곤 하였다. 그래서 약간의 수정 보완을 거쳐 재판을 서두르게
되었다. 이제 더 많은 이들에게 읽혀서 널리 퍼져 나가길 기대한다.

이 무상無上의 법문 펼쳐 주시고 전하여 주신
불보살님과 상사上師를 비롯한 여러분께

찬탄과 깊은 감사드리오며
이 법문 한량없이 홍포弘布되고
수지자受持者 모두 원과圓果 성취하길
기원하나이다.
나무아미타불!

2015. 5. 無等山下

元照 朴健柱 讚三寶

대수인
원문

大手印願文

해제

1. 대수인(大手印; Maha Mudra)이란

본서에서 소개하는 대수인법문大手印法門은 티베트 밀교의 여러 가지 대수인법문 가운데서도 무상無上의 법문이다. 대수인법은 실로 광대한데 크게 전일專一대수인·이희離戱대수인·일미一味대수인·무수無修대수인 등 네 가지로 나눈다. 이 중 무수대수인은 구경究竟의 최상승 대수인법이다. 본서에서 소개하는 법문은 모두이 무수대수인에 속하는 법문이다. 이 무수대수인의 요의를 분명히 이해하고 행할 수 있다면 이것이 가장 뛰어나고 원만하며 빨리 극과極果에까지 오를 수 있는 법인 까닭에 나머지 대수인법에 의지할 필요가 없다. 나머지의 법은 이 무수대수인에 바로 들지 못하는 이들을 위해 시설해 놓은 것이다. 특히 갖가지 방편행으로 짜여진 전일대수인은 특별한 근기인 자가 완숙한 스승의 지도하에 행하여야 가능한 것이며, 그러한 조건이 구비되지 않은 가운데 행하면 장애도 많고 위험하다.[1]

이 무수대수인無修大手印은 티베트의 여러 종파 가운데서도

---

1 본서 『恒河大手印』의 章 끝 부분의 내용 참조.

특히 까귀파喝擧派의 기본 교의로 전승되어 왔다. 티베트 까귀파의 종조는 마르빠(法慧, 瑪爾巴 1012~1097)이다. 마르빠는 인도에 가서 나로빠那洛巴 조사로부터 전수 받았고, 나로빠는 틸로빠帝洛巴 조사로부터 전수 받았다. 더 위로 올라가면 용수보살로 이어진다. 티베트에 전해진 이 법문은 마르빠로부터 밀라레빠(密勒日巴 1040~1123)로 이어지고, 다시 다뽀라제(drags-po lha-rje 塔波拉結 또는 감뽀빠, 1079~1153)로 이어져 하나의 종파로서 소위 다뽀(drags-po 塔波)까귀가 창립되었다. 까귀파에는 이밖에 경뽀날보(kyung-po, rnal-'byor 瓊波南交, 1086~?)가 역시 인도로부터 전수하여 창립한 샹빠(shang-pa 香巴)까귀가 있으나 15세기 무렵부터는 쇠미해졌다. 반면 다뽀까귀의 여러 분파들은 현재에 이르기까지 성행하여 보통 까귀파라 하면 이 다뽀까귀의 전승을 가리킨다.

'까귀(bka'-brgyud 喝擧)'는 구전口傳이라는 의미인데, 이 파는 구전으로 법을 전승함을 중시한 까닭에 이렇게 부른다. 또한 '까알규(喝爾擧: 白敎)'로도 지칭하는데 이는 '백의白衣의 전승'의 뜻으로, 이 파는 인도 승복의 전통에 따라 흰색의 승복을 착용한 까닭이다. 까귀파에서 대수인이라는 이름은 현교와 밀교를 포함한 모든 단계의 수행체계를 총칭하는 말이기도 하고, 대중도大中道·대원만大圓滿·결정決定의 뜻으로서 여러 단계의 수행체계 가운데 최상승이요 궁극의 법인 무수대수인만을 가리키기도 한다. 그러나 그 내용은 다른 파의 교의에도 보이고 상통하는 것이기 때문에 실은 어느 일파만의 교의라고는 보기 어렵다.

대수인(Maha mudra)에서 수인(mudra)의 기본 뜻에는 두 가지가 있다. 하나는 수인手印으로 왕의 명령임을 확인하는 것과 같이 움직일 수 없는 진리임을 확증한다는 뜻이고, 다른 하나는 상징의 뜻이니 일체의 상은 밀계密界의 상징인 까닭이다.

대수인의 뜻은 광대 무량하여 한두 마디로 정의하기 어렵다. 여기에 티베트 조사들이 보다 상세히 설명한 내용을 소개한다.

"계계界와 지智가 쌍융雙融함이 수手의 뜻이고, 윤회의 세속 법이 그대로 자처自處에서 해탈되어 있음이 인印의 뜻이며, 이렇게 쌍융함은 곧 무상지無上智이니, 이것이 대大의 뜻이다."(길상 공거 존자)

"수手란 외경의 뜻으로 제불諸佛 등의 존엄한 수手이다. 인印이 란 쌍융되어 있어 잘못 벗어남이 없다는 뜻이다. 대大란, 그 밖의 모든 다른 수인은 임시방편의 것이어서 넘어섬이 있을 수 있으나, 이 법문은 구경이라 어떠한 것도 이를 넘어설 수 없는 까닭에 가장 뛰어난 것이라는 뜻이다."(밀라레빠 존자)

"대수인불모大手印佛母에 대해 잘 들으라. 대수인이란 대비밀 大秘密이다. 말로 나타낼 수 없고 다함이 없으며 무생無生이다. 일체가 색色을 갖추었으되 색을 떠나 있다. 색이 없음을 색으로 하는 가장 뛰어난 주主이다. 모든 거칠고 미세한 일체를 떠났으니 바로 측량할 수 없는 자성이다."(『대수인공점속』)

"대수인의 자의字義는 범문 'Maha mudra'에서 온 것이다. 넘어
서려고 함이 없음[不逾]·분별하지 않음[不分]·불공不空의 뜻
이다. 또한 윤회와 열반의 일체법이 모두 본지本地에서 온
것임을 나타낸다. 본지[本心]는 조금도 어떻게 함이 없고,
색色은 전변함이 없다. 삼시(三時: 과거·현재·미래)가 따로
없고, 구생지俱生智를[2] 넘지 못하니(바로 구생지이니) 수인手印
이라고 한다. 이밖에 또는 이 위에 어떤 다른 것이 없으니
대大라고 한다.

단 찰나의 심식상心識上에서 총괄하여 말한다면, 망념이 한번
솟구치면 바로 생긴 그 자리에서 그 망념을 막으려고 하지
않는다. 망념의 그 자리에서 바로 그대로가 구생지의 정체正體
임을 알아 증득을 했든 안 했든 상관없이 바로 그 자리에서
넘어서려고 하지 않는 까닭에 수인이라 한다. 그 망념의 자리에
서 망념 외에 소위 지혜라던가, 부처님을 따로 구할 바가 없는
까닭에 대大라고 한다."(世尊楊公巴)

"대수인이란 (三緣을 떠나는 것이니)
낙연樂緣에 의지하지 아니하고,
명연明緣에 의지하지 아니하며,

---

2 無始 以來 본래부터 있었던 智.

무념연無念緣에 의지하지 아니하는 까닭에
삼연三緣을 떠난다고 한다."
(『了義海大手印』)

　위의 여러 법요의 뜻은 이어지는 해설에서 자세히 설명될 것이다.
본래의 심성心性이 낙樂이고 명명明明이며 무념無念이니 낙樂과 명명明明과
무념無念을 따로 이루고자 함이 없다. 즉 지금의 자심自心에서
어떻게 하고자 함이 없다. 반대로 낙연樂緣과 명연明緣과 무념연無
念緣은 모두 낙樂과 명명明明과 무념無念을 얻거나 이루고자 마음을
그 쪽으로 향하고 메이는 것을 말한다. 본래의 심성心性이 낙樂이고
명명明明이며 무념無念인지라 낙樂과 명명明明과 무념無念은 대상이 될
수 없는 것이다. 이를 얻고자 하고 마음이 그에 향하면 이미 그것은
대상이고 상相이다. 상相이니 진정한 낙樂과 명명明明과 무념無念이
아니다. 그리고 그렇게 하여서는 진정한 낙樂과 명명明明과 무념無念에
이를 수 없다. 그리고 이 법문은 모두 무상無上 무수대수인無修大手
印법문의 요체이다. 요컨대 일체법은 그대로 일심一心이요 무생無
生의 결정성決定性이기에 수인手印과 같은 것이다. 여기서 수인이
란 움직일 수 없음, 결정성, 이를 벗어나 다른 것이 없음을 뜻한다.
　아울러 일체를 통섭하고, 어디에나 두루 하며, 무상이고, 무량이
며, 대원만이기에 대大라고 한다. 일체법 하나하나가 결정성이며,
대수인이면서 대만다라를 연출한다. 대만다라는 실상實相이고 밀
의 세계이다.

2. 『대수인원문』의 저자

이 발원문은 원대의元代 대보법왕大寶法王 자생금강自生金剛 랑병
도제(rang-byung rdo-rje, 讓蔣多傑 또는 攘逈多吉 1284~1339)가
지었다. 그는 다뽀〔塔波〕까귀의 한 분파인 까마(karma 喝瑪)까귀
흑모계黑帽系의 제3세 활불活佛이다. 다뽀까귀의 분파 계승을 간
략히 도시하면 다음과 같다.

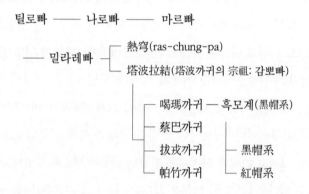

     틸로빠 ──── 나로빠 ──── 마르빠

  ── 밀라레빠 ┬ 熱穹(ras-chung-pa)
               └ 塔波拉結(塔波까귀의 宗祖: 감뽀빠)

                 ┌ 喝瑪까귀 ── 흑모계(黑帽系)
                 ├ 蔡巴까귀
                 ├ 拔戎까귀 ── 黑帽系
                 └ 帕竹까귀 ── 紅帽系

    랑병도제는 밀라레빠의 고향인 후장後藏의 공당지방에서 태어
났는데 2세 활불인 까마팍시(karma paksi 喝瑪拔希, 1204~1283)의
후생〔轉世〕으로 인정되었다. 이것이 티베트에서 처음으로 어린아
이를 이전 활불의 후신으로 인정한 사례이고, 오늘날까지 전통으로
이어지게 되었다. 따라서 랑병도제는 곧 활불 전세傳世의 첫 번째
주인공인 셈이다. 2세 활불인 까마팍시는 그 본명이 각길却吉라마
인데 티베트불교사상 연화생(蓮花生; 빠드마쌈바바, 8세기) 다음가

는 신통인으로 전해진다.

랑병도제는 5세에 다뽀〔塔波 : 감뽀빠〕가 건립한 조박사粗朴寺에
들어와 7세에 출가하고, 18세에 비구계를 받았다. 율律을 비롯하여
여러 파의 갖가지 밀법을 수학하고, 상박하원桑朴下院에 가서『중관
론』『자씨오론慈氏五論』[3]『대승아비달마집론』『구사론』『인명론因
明論』등의 현교顯敎를 학습하였다. 그는 티베트 여러 곳을 유화遊化
하면서 여러 사찰을 건립하였고, 분쟁을 해결하였으며, 역산曆算에
관한 책도 저술하였다. 1332년에는 원의 문종황제가 초빙하여
북경에 왔다. 그러나 문종은 이미 세상을 떠난 뒤였다. 그는 영종에
게 관정灌頂하고, 황제의 동생에게 수계하였다. 그는 북경에 오면서
제자 찰파승격扎巴僧格에게 그가 창건한 덕흠등사德欽登寺에 상주
하도록 하였는데 바로 이 사람이 곧 홍모계紅帽系 제1세이다. 1334
년 티베트에 돌아오면서 오대산에 참배하고 영하지역에서 전법하
였으며, 서강지역에서는 전란을 그치게 하였다. 조박사에 돌아왔
다가 상야사(桑耶寺 ; 쌈예사)에 퇴거하던 중 일부의『감주이甘珠爾』
와[4]『단주이丹珠爾』[5] 전부 장경을 초사抄寫하도록 하였다. 1336년에

---

3 慈氏는 미륵보살이고, 미륵보살이 無着(아상가)보살에게 전수한 다음의 五部
  論書를 말한다.『瑜伽師地論』『分別瑜伽論』『辯中邊論』『大乘莊嚴論』『금
  강반야바라밀경론』

4 bkah hgyur의 音譯. 티베트대장경 가운데 經部를 가리킨다. '부처님의
  교칙을 譯한 부분'이란 뜻이다. 律의 부분도 포함한다.

5 bstan hgyur의 音譯. 티베트대장경 가운데 論書와 경전의 註釋 부분을
  가리킴.

원의 순제가 초빙함에 1338년에 다시 북경에 왔다. 이 때 황제로부터 관정국사灌頂國師에 봉함 받고, 아울러 옥인玉印을 받았다. 그는 1339년에 북경에서 입적하였다.

3. 『대수인원문』의 한역자漢譯者 장징기

장징기(張澄基, 1920~1988)는 중국 호북성 안육安陸에서 출생하였고, 근세 티베트불교의 홍포에 큰 역할을 한 공갈상사(貢噶上師; 貢噶寧波; 多羅那它; 呼圖克圖, 1893~1957)의 제자이다. 티베트에서 다년간 티베트불법을 수행하였다. 중국이 공산화됨에 1951년에 미국으로 망명하여 뉴욕의 콜롬비아대학에 재직하면서 여러 지역에서 티베트불교에 대해 강연하였고, 티베트밀교 중에서도 특히 백교白教의 주요 전적을 번역 출간하는데 매진하여 티베트불교의 전승과 홍포에 큰 공헌을 하였다. 주요 역서로는 본『대수인원문』외에 유명한『밀라레빠密勒日巴대사전집』을 비롯하여, 밀라레빠 대사의 제자인 감뽀빠대사의 주요 법문을 수록한『감뽀빠대사전집선역』이 있다. 그는 감뽀빠대사가 대수인법문을 총망라하여 편찬한 방대한 양의『교언광집教言廣集』을 번역하던 중에 이를 완수하지 못하고 입적하였다. 저서로는『불학사강佛學四講』이 있다.

4. 『대수인원문』의 내용

본 글은 짧은 분량이고 하나의 발원문이지만 대수인법문의 요의가
일목요연하게 함축 정리되어 있다. 대수인법문은 40여 종이 넘을
정도로 갖가지여서 혼란스러운데, 본 원문은 방대한 법문에서
무상無上의 요의를 간추려 확연히 드러내었다. 마음수행에는 짤막
한 몇 구절의 심요心要를 항상 지니어 길 없는 길의 등불로 삼는
게 중요하다. 이 원문은 바로 그러한 심요로서 매우 적합한 법문이
다. 더구나 제불여래·성중·스승의 가지加持를 기원하는 뜻과 발
원이 간절히 배어 있어 수행심과 신앙심의 도를 지극히 높여
준다. 문혜聞慧·사혜思慧·수혜修慧의 삼혜三慧로부터 여러 대승
의 교의를 통달하여 증과證果에 이르는 길을 명료하게 보여주고
있다. 대승의 요의를 통달하면 억지수행을 떠나게 되어 있다.
이 법문에서는, 작의作意하는(억지로 생각 내어 닦는) 수행은 병이
되는 것이니 이를 떠나야 함을 강조하고 있다. 작의의 수행을
떠난 수행이 바로 무수지수無修之修이고, 이 선법은 중국 선종에서
말하는 무작의無作意의 무념무수無念無修, 무수지수와 똑같다.
혹자는 양자의 법을 구태여 이리저리 구분하여 다르다는 것을
내세우나 사실은 다르지 않다. 중국 선종의 여러 조사들의 법문과
무상대수인 무수대수인 또는 항하대수인의 요의는 무념무수
무수지수이거니와 양자가 말하는 이 구절의 뜻은 모두 같다. 단지
이 무상대수인 외에 다른 차등의 대수인법문에는 중국 선종의

선법과 다른 점이 있다. 전술한 바와 같이 대수인법문은 무수지수의 무상대수인만을 가리키는 경우가 있고, 여러 차등差等의 법문을 총칭하는 경우가 있는데 이『대수인원문』은 무상無上대수인(무수대수인, 항하대수인)에 해당하는 법문이다.

이 원문을 자주 독송하고 심요로 삼아 호지護持한다면 흐트러지기 쉬운 일상생활에서 흔들림 없고 굳건한 수행심과 신앙심을 지니게 되고, 여기에 정리된 무상의 요의는 명정明淨과 대성취를 곧바로 이룰 수 있도록 해 줄 것이다.

5. 본 역의 저본底本

『대수인원문』은 유예지劉銳之의 「제가대수인비교연구諸家大手印比較硏究 (上)」(『法相學會集刊』제1집, 1968.10); 「제가대수인비교연구」下,『法相學會集刊』제2집, 1973.6), 장징기張澄基의『불학사강佛學四講』(台北, 華嚴蓮社, 1969), 구룽邱陵이 편집한『장밀수법정수藏密修法精粹』(北京工業大學出版社, 1991) 등에 실려 있다. 본서에서는 이 가운데『불학사강』에 실린 원문을 저본으로 하고 나머지 본을 대조 내지는 참조하였다. 그리고 해설은 장징기와 구룽邱陵의 해설이 있어 이를 참조하였으나 필자가 거의 대부분 새로 작성하였다.

大寶法王 自生金剛 造
張澄基 漢譯
元照 朴健柱 국역 해설

상사上師·본존本尊과 만다라의 여러 성중님들,
시방삼세 제불諸佛과 불자님들이시여!
저와 모든 이들의 발원을 비념悲念하시어,
뜻대로 성취할 수 있도록 부디 가지加持하여 도와주소서!

上師本尊壇城諸聖衆　　　十方三世諸佛及佛子
悲念於我於我所發願　　　助令如意成就祈加持

증과證果에는 상사(上師: 스승)와 본존의 가지력(加持力: 護持力)
이 있어야 한다. 특히 밀교에서는 그 가지력을 기원하는 행을
철저히 한다. 상사는 바로 직접 전해준 근본 상사를 비롯하여
그 윗대의 여러 스승을 말한다.

　본존은 아미타불·관세음보살·약사여래·지장보살·연화생(빠드
마삼바바)대사·보현왕여래 등 제불보살마하살 가운데 한 분을
택하여 모신다.

　만다라[壇城]는 [6] 대일여래大日如來의 가지삼매(加持三昧: 교화
중생의 뜻)상이니, 수법자修法者는 만다라에 예찬하여 곧바로 여래

의 가지를 받을 수 있다.

---

6 만다라Mandala는 體로 보면 壇 또는 道場, 뜻으로 보면 輪圓具足 또는 聚集으로 번역된다. 方圓의 土壇을 쌓고 諸尊을 여기에 安置하여 祭供하는 것이 만다라의 體이며, 이 壇 가운데 聚集 具足한 諸尊의 모든 덕이 一大법문을 이룸이 수레의 곡(轂: 바퀴)·망(輞: 바퀴테)·폭(輻: 바퀴살)의 세 가지가 구족되어 원만한 車輪이 이루어짐과 같으니 이것이 만다라의 뜻이다. 보통 만다라라고 하면 이 圖畵를 가리킨다. 圖畵로 형상화된 만다라를 四만다라라고 하는데, 공덕의 총체인 大만다라와 別德인 삼매만다라·법만다라(종자만다라)·갈마만다라로 되어 있다.

나와 한량없는 모든 유정有情중생들이
마음의 청정한 업으로 삼륜의 더러운 몸 떠나
저 설산의 계곡에서 흐르는 맑은 시냇물같이
모두 사신四身의 불해佛海에 들어가길 원하옵니다.

我及無邊有情之所作   離三輪垢身心清淨業
如彼雪山清溪所流水   願皆趨入四身佛海中

삼륜三輪이란 능작(能作: 행하는 자)·소작(所作: 행해지는 것, 대상)
·작업(作業: 행함)의 세 가지를 말한다. 중생의 모든 행은 이
세 가지를 떠나지 못한다. 이에 의지하여 생사윤회하니 삼륜이라
하고, 더러운 몸이라 한다. 이를 벗어나기 위해서는 마음수행으로
무루無漏의 청정행을 닦아가야 한다.

  밀교에서는 보통 현교에서 말하는 법신法身, 보신報身, 화신化身
의 3신三身 외에 법계체성신法界體性身을 더하여 4신을 설한다.
단지 3신 외에 따로 법계체성신이 있다는 의미가 아니고, 이 3신이
여일如一하여 차별이 없는 자리를 드러내기 위해 세운 것일 뿐이
다. 마음의 청정한 업이란 곧 무루행無漏行을 말한다. 무루행이란
마음이 본래 공적하여 무상하고, 무심하여 얻을 바 없는 것임을
깨달아 알고 나서 그 뜻에 따라 생각을 짓는 행을 떠나 자연히
이루어지는 행이다. 그래서 무작의無作意의 행이라 한다. 본심本心
에서 무엇이 더할 것도 없고, 새어 나가 감축될 것도 없다〔無漏〕.

루漏란 새어 나가는 것이니, 유루有漏공덕이란 복락을 받으면서 그 공덕이 새어 나가 감축되어 가는 것이다. 그러나 무루공덕은 새어 나감이 없으니 한량없고, 무궁하며 영원하다. 본심이 무루임을 여실하게 깨달아 안 까닭이다. 깨달아 알게 된 것은 새어 나가거나 감축되지 않는 까닭이다. 이렇게 깨달아 아는 공덕은 무량하기 때문에 아직 온전히는 깨달아 알지 못하고 억만 분의 일만 깨달아 알았다 하더라도 그 공덕은 한량이 없다.

이와 같은 과위果位를 얻지 못하더라도
모든 생생 세세 중에
죄업과 고뇌 멀리 떠나
언제나 선락善樂의 법해法海 수용하길 원하옵니다.

乃至未得如此果位時   所有一切生生世世中
不聞罪業苦惱之名號   願常受用善樂之法海

범부중생이란 불법에 항상 가까이 하지 않으면 세속의 소용돌이에
빠져 숱한 죄업을 짓게 되고, 아차 하면 삼악도에 떨어져 인간의
몸도 받지 못하게 된다. 그러하니 이 생이나 다음 생에 불과佛果를
얻지 못하더라도, 세세생생 항상 불법을 가까이 하고 듣고 배우며,
닦을 수 있는 복락을 받도록 해야 한다. 또한 그러한 선업이 쌓이고
쌓여 불과佛果를 이루게 된다.

믿음과 지혜·정진·수행할 수 있는 여가를 갖추고,
선지식을 만나 심요를 구수口授받으며,
법대로 수지하고 가로막는 장애 멀리 여의어
세세생생 법락 받길 원하옵니다.

具信智慧精進及暇滿　　遇善知識得口授心要
如法修持無諸中斷障　　願受法樂生生世世中

증과를 이루는 데는 믿음과 지혜·정진, 그리고 수행을 해 나갈
수 있는 여가가 갖추어지지 않으면 안 된다. 원문의 '가만假滿'은
여덟 가지 가(假: 餘暇)와 열 가지 원만을 말한다. 여덟 가지
여가[八有假]는, 불법을 배울 수 있는 여가가 있는 환경이나 여건
이니 지옥, 아귀, 축생, 변방, 장수천에 태어나지 않음, 삿된
지견을 갖지 않음, 여래가 안 계실 때 태어나지 않음, 몸이 불완전
하지 않음이다. 열 가지 원만함十圓滿이란, 사람 몸, 中土에 태어남,
신체 온전, 무간 지옥에 떨어질 악업을 짓지 않음, 불법을 신봉함
등 자신에 속한 다섯 가지 사항과 부처님의 출세를 만남, 부처님의
설법을 만남, 세상에 불법이 존재함, 불법을 신행함, 선지식이
있음 등의 다섯 가지 외적 여건을 말한다. 수행을 하고자 하여도
생활에 쪼들리고 바쁘거나 사회업무에 쫓기어 틈을 내지 못하는
이들이 많다. 그래서 유루공덕도 어느 정도는 있어야 무루행을
큰 장애 없이 부드럽고 원만하게 이루어 나갈 수가 있다.

또한 방대한 법문을 듣고 배우더라도, 마음수행의 요체를 간략히 명시한 심요를 스승이나 주변의 선지식으로부터 받아 언제나 외우듯이 지니면서 지침으로 삼아 가야 잘못된 길로 빠지지 아니하고, 올바른 길을 빨리 갈 수 있다.

특히 무상대수인을 전하는 까귀파는 스승의 구수口授에 거의 전적으로 의지하여 수행해 가기 때문에 구전口傳의 뜻인 '까귀(bka'-brguad)'라 칭하고 있다.

청문聽聞과 성리량聖理量으로 무지장無知障에서 해탈하고,
구수口授받은 것을 사유하여 모든 의문 영원히 멸하며,
닦고 닦아 광명을 발하고 있는 그대로 실상 증득하여
세 가지 지혜가 발현하고 증장되길 원하옵니다.

聞聖理量解脫無知障　　思惟口授永滅諸疑闇
修生光明如量證實相　　三種智慧顯現願增長

　수행의 길은 우선 불법을 넓게 청문聽聞해 나가야 한다. 그 불법이
란 곧 부처님의 가르침이니 성교량聖教量이고, 그 이법理法대로
따름이니 이량理量이다. 또한 부처님의 가르침이란 敎를 통해
理를 드러냄이다. 그래서 성리량聖理量이다. 본심 진여의 자리는
언설을 넘어 있어 모습이 없고, 볼 수 없다. 그러나 그 理를 알
수 있으니 敎를 통해서 그 뜻을 알면 理에 통하고, 일체법에 통하게
되어 있다. 그리하여 꿈과 같고 환幻과 같은 경계를 실재라 보는
미망과 무지의 장벽〔無知障〕을 깨뜨릴 수 있게 된다. 심요의 가르
침을 받으면 먼저 그 뜻을 여실히 뚜렷하게 파악해야 한다.
　불교수행은 선오후수先悟後修가 근본이니, 우선 마음에서 가르
침의 이법理法을 통달〔心悟〕해야 비로소 묘각妙覺에 이르는 길이
훤히 드러나 정법의 올바른 수행이 이루어지게 된다. 불법이란
이렇게 알고 가게끔 하는 것이다. 심오心悟에서 나아가 신증身證이
점차 이루어지는 것이니, 이 신증의 차원이 곧 밀법이다. 현교顯教

에서 증오證悟하면 바로 밀계密界이니 현교와 밀교는 불가분리不可分離이다.

닦고 닦음에 명정(明淨: 밝고 맑음)이 증장되어 그 자리의 자심自心에서 실상이 증득된다. 이 자심을 떠나 따로 실상이 있는 것이 아니다. 바로 이대로의 자심이 깨달아 알게 되면 그대로 실상이다. 아울러 문혜聞慧와 사혜思慧 및 수혜修慧의 세 가지 지혜가 항상 함께 갖추어지고 증장되어야 한다. 문혜란 법문을 듣는 데서 이루어지는 지혜요, 사혜란 듣고 배운 가르침의 뜻을 명료하게 파악하는 데서 나오는 지혜이고, 수혜는 그렇게 터득한 이법대로 자심에서 그대로 행하여 이루어지는 지혜이다.

올바른 지혜란 곧 이러한 세 가지 지혜가 어우러져야 이루어지는 것이다.

단斷·상常의 이변二邊을 떠난 중도 묘유의 이제二諦를 근본으로
삼고
증·감의 이변을 떠난 뛰어난 도를 자량으로 삼아
윤회와 열반의 이변을 떠난 이리二利의 뛰어난 증과 얻도록
언제나 어긋나지 않는 법 만나기를 원하옵니다.

離斷常邊二諦根之義　　離增減邊殊勝道資糧
離輪涅邊二利之果勝　　於彼無錯謬法願常遇

불법의 대요를 근根·도(道: 실천행)·과果의 세 자로 설명하기도
하는데, 이 구절은 대수인법문의 근·도·과를 말하고 있다. 소승에
서는 세속(번뇌)으로부터 벗어나고자 하는 마음을 근根으로 하고,
사제(四諦: 苦·集·滅·道)를 도道로, 아라한을 과果로 한다. 대승에
서는 보리심菩提心을 근根으로 하고, 육바라밀〔六度〕을 도道로,
아뇩다라삼먁삼보리〔無上正等覺: 妙覺〕를 과果로 한다. 대수인법
문과 달마선(達摩禪: 楞伽禪)에서는 이변二邊을 떠난 중도묘의中
道妙義를 근根으로 하고, 무생無生인 심성心性은 부증불감不增不減
하고 불생불멸不生不滅하며, 능소(能所: 주관과 객관)가 따로 없는
일심一心임에 자심自心에서 한 법도 따로 얻고 취할 수 없나니,
그 마음을 어떻게 하고자 하면 어긋난 것이어서 단지 어떻게
마음을 하고자 함이 없고〔不整治, 不作意〕, 무엇을 따로 구하거나
얻고자 함이 없이 안주하는 무념무수행을 도道로 하고, 법계동체法

界同體의 대무주열반大無住涅槃을 과과로 한다.

'있다'·'없다'라든가, '존재란 죽으면 단멸한다[斷見]', '생명이란 단멸하지 않고 영원하다[常見]', '모든 존재는 하나다(같다)'·'다르다'고 하는 생각을 이견二見이라 한다. ― 또는 '같다'에 마음 두면 어느 한쪽으로 보는 것이라 이미 다른 한쪽이 相對하여 전제된 것이니 二見이다. 또는 한 쪽으로 치우친 견해라는 뜻에서 이변二邊이라 한다.

본래 일심이며 무생이라 이러한 견해는 그림자나 환상을 실재로 보고 이렇다 저렇다 하는 것과 같다. 이변의 미혹과 집착을 벗어나 중도묘유中道妙有의 이치를 터득하는 것이 나무의 뿌리와 같은 역할을 하는 것이다.

중도묘유의 이치를 터득하면 속제(俗諦: 세속법의 진리)와 진제(眞諦: 勝義諦)가 하나하나 모두 수행의 길에 디딤돌이 되어 준다.

그리고 저 이변을 떠난 법이(法爾: 본래 있는 그대로)의 심성에 안주하여 따로 무엇을 얻고자 하거나 마음을 어떻게 하고자 함이 없음이 실천행인 도이다. 윤회와 열반의 어느 쪽에도 머무름 없이 단지 법계와 일심동체로서 자리이타自利利他의 원만구족상圓滿具足相을 여여하게 성취함이 바로 가장 뛰어난 과과이다.

명정明淨과 공이 함께 살아 움직이는 체성이오니
금강유가대수인金剛瑜伽大手印으로
미혹하고 산란한 모든 더러움 홀연히 청정케 하여
더러움 떠난 정과淨果의 법신 증득하길 원하옵니다.

淨體明空雙運之體性　　能淨金剛瑜伽大手印
所淨忽爾迷亂之諸垢　　願證淨果離垢之法身

마음수행의 진전은 바로 마음의 밝고〔明〕 맑음〔淨〕으로 체험되어
간다. 이는 곧 공의 진리〔空諦〕의 체현이기도 하다. 즉 공제空諦가
뚜렷해지면 지혜광명이 증장되어 미혹이 제거되며 밝아지고, 집
착심이 사라지며 마음이 맑아진다. 또한 명정明淨이 이루어짐에
따라 공의 체성 또한 훤히 드러난다.
　　대수인법문은 위와 같은 대승의 중관교의中觀敎義를 기본 전제
로 한다. 이로부터 미혹하고 산란한 모든 더러움 홀연히 청정케
할 수 있는 금강도金剛刀의 날카로운 지혜가 구현되며, 부동의
견고한 깨달음이 성취되는 것이니 금강유가대수인金剛瑜伽大手印
이라 한다.

체에서 모든 증익增益 떠난 것이 정견定見이오며
바로 거기에서 잘 지켜 흩어지지 않음이 수행의 요체라,
모든 수행 가운데 이것이 가장 뛰어난 것이니
언제나 견見·행行·수修 삼요三要 구족하길 원하옵니다.

於體離諸增益爲定見　　守護於彼無散爲修要
一切修中此爲最勝修　　願常具足見行修三要

이 마음 이대로 부증불감의 심성이며, 일심이고 무생이라 따로
무엇을 취할 바도 없고 버릴 바도 없는 것이니, 이 자리에서 이
마음을 어떻게 하고자 하거나, 무엇을 이루고자 하거나 할 수도
할 필요도 없는 것이다. 그렇게 깨어 있을 뿐이니 대승 교의의
요체인 삼해탈〔三三昧: 空·無相·無願)〕가운데 (無願; 無作)삼매가
바로 이것이요, 지관타좌(只管打坐: 마음을 어떻게 하고자 함이
없이 단지 그대로 앉아 깨어 있을 뿐)가 바로 그 뜻이다.
　이것이 바로 대수인의 요체이며, 가장 뛰어난 법이다. 이를
무수지수(無修之修: 닦는 바 없이 닦음)라 하며, 중국 선종의 가르침
과 상통한다.
　여기에서 말하는 대수인의 삼요는 다음과 같이 정리된다.
　①견見: 일심一心 무생無生의 심성心性을 심오心悟함,
　②행行: 무원무구無願無求의 마음수행,
　③수修: 무수지수無修之修로 정진함.

36

일체의 모든 법은 마음이 나타난 것이오며,
마음이 본래 무심하여, 마음의 체성이 공이라,
공하니 멸도 없고, 나타내지 않음도 없으니,
체를 잘 관찰하여 정견定見 얻기를 원하옵니다.

一切諸法爲心所變現　　心本無心心之體性空
空而無滅無所不顯現　　願善觀察於體得定見

일체는 오직 마음일 뿐이라 대상경계 그대로 자심自心일 뿐이며,
마음 밖에 다른 존재가 있는 것이 아니다. 『반주삼매경』에 설한다.

　"마음이 마음을 알 수 없다(心者不知心)."
　"마음이 있으면 마음을 보지 못한다(有心不見心)."

마음은 대상이 될 수 없는 것이니, 마음이 어디에 따로 있다 할
것인가. 그대로 텅 비어 고요하니空寂 그 마음 얻을 바가 없어
무심無心이다. 마음은 텅 비어 허공과 같아 생멸이 없으며, 공적空
寂하니 지知함도 없고 견見함도 없되, 일체를 평등하게 걸림 없이
나타낸다.
　그래서 『화엄경』 권7에서 이르길,

　"봄見이 없어야 능히 볼 수 있다."

고 하였다. 바로 이러한 심성을 여실히 보아 흔들림 없이 나아가는
것이 곧 정견定見이며 일행삼매一行三昧이고 일상삼매一相三昧
이다.

본래 일찍이 있었던 것이 아니고,

자심소현自心所現인데 미혹하여 경계로 삼고,

무명으로 인해 견분見分을 나라고 집착하여,

이 두 가지 집착으로 여러 가지 존재로서 유전하오니

미혹과 산란함의 근원인 무명 끊길 원하옵니다.

從本未有自現迷爲境　　由無明故執自明爲我

由二執故流轉於諸有　　願斷無明迷亂之根源

본래 일심一心의 자리에는 능(能: 主觀)·소(所: 客觀, 對象)가 따로 나뉘어 있지 않은데, 홀연히 무명의 바람으로 미혹의 꿈속에 들게 되면서 일심에서 견분(見分: 보는 자리)을 세우니 동시에 상분(相分: 보이는 자리, 對象, 境界)이 전개되고, 견분과 상분의 미세한 전변轉變이 일어나는데, 이 자리를 장식(藏識, 아뢰야식, 第八識)이라 이름 한다. 동시에 장식의 견분을 아我로 여기는 세력이 이루어지며, 지속적이고 끈질기게 내가 있다고 하는 생각[我相, 我想, 我執, 我癡]이 흐르는데 이를 마나식第七識이라고 한다(본 단락의 둘째句). 이렇게 나라는 생각이 본능적으로 잠재된 가운데(第七識), 상분을 대상화하는 것이 더욱 거칠게 이루어지며(轉變), 이 대상들에 대한 증오·애락·시비 등의 모든 분별심이 전개되는데 이를 의식(第六識)이라 한다. 이 분별심이 또 전변하며 그 상분을 각 방면별로 분별 인지하게 되는데 이를 전오식(前五識: 眼識,

耳識, 鼻識, 舌識, 身識)이라 한다. 동시에 전오식 각각의 상분을
또 한 번 더 대상화하여 전변하니 본래 식에 있던 것들이 식의
외부에 있는 것처럼 보이게 된다. 이것이 곧 색성향미촉色聲香味觸
의 모든 바깥 대상(사물)들이다. 이들을 6진(塵; 티끌) 또는 6경(境,
경계, 대상)이라 한다.

그래서 결국 장식을 비롯한 모든 식 경계는 미혹으로 인해
나온 것이요, 꿈일 뿐이다. 꿈에서 나온 바깥 사물을 보고, 이를
바깥에 따로 있는 실재의 것으로 착각하니[顚倒妄想], 이를 꿈속에
서 또 꿈을 꾸는 것이라 한다. 그리고 그러한 전도망상의 행업行業
은 그대로 업식業識이 되어 장식藏識에 갈무리되며, 또한 식의
끈질긴 상속相續의 전변轉變에 합세하고 합류한다.

그러나 바로 본래 일심인 까닭에 견분見分과 상분相分으로 나뉘
어 있는 것이 아니라 본래 한 자리인 것인데 이를 따로 나누어
분별 집착하니, 생사윤회는 여기에서 비롯된다.

그래서 바로 자심에서 견분과 상분이 여일함을, 두 자리가 아님
을 여실히 깨우쳐야 한다. 견분과 상분이 두 자리가 아니니, 곧
일심이고 각覺이다.

일체는 비유非有이며, 또한 제불을 견見함도 없으나
윤회와 열반 등 일체의 근인根因이 없는 것도 아니어서,
위違도 아니요, 순順도 아니되, 둘이 그대로 살아 움직이는 증도관
으로서
분별 떠나 심체의 법성 증득하길 원하옵니다.

一切非有諸佛亦不見　　一切非無輪涅衆根因
非違非順雙運中道觀　　願證離邊心體之法性

　　본 단락의 첫 구에 대해 한역자漢譯者 장징기는 티베트어를
직역한 이 구는 뜻이 잘 통하지 않는다 하여

"一切是有諸佛亦不見"

으로 번역 기재하였으나[7] 이는 잘못이다. 직역한 그대로가 옳다.
뒷 구에

　　"윤회와 열반 등 일체의 근인根因이 없는 것도 아니다."

고 하였으니 앞 구는 그 상대의 뜻으로 일체輪回와 제불(열반)이

---

7 張澄基,「大手印願文釋」(『佛學四講』, 臺北, 華嚴蓮社, 1969), 102-103쪽.

비유非有임을 말한 것이다. '제불역불견諸佛亦不見'은 제불이 주어가 아니고 '제불을 또한 견함이 없다'이니 이 구는 '제불역불유諸佛亦不有'와 같다. 그래서인지 유예지는 장징기의 역본을 소개 인용하면서도 이 부분은 여기에 따르지 아니하고, 이 구를 '일체비유제불역불유一切非有諸佛亦不有'로 고쳐서 인용하였다.

일체는 그림자와 같고, 환과 같으며, 공화(空花: 눈에 병이 들었을 때 바로 앞 허공에 하얀 꽃과 같은 것이 꾸물거리는 모양)와 같고, 꿈속의 일과 같아 생하였으되 생긴 것이 아니라 비유非有이다. 어디에 무엇이 있다 하면 이미 전도망상이니 제불이 있다 함도 마찬가지이다. 이 마음 밖에 어떠한 일법도 없고, 그 마음 또한 인식의 대상이 될 수 없는 것이며, 그 처소가 따로 없으니, 제불이 어디에 있다 하겠는가. 제불이 있을 처소가 어디에 있겠는가. 그러나 있다[有], 없다[無], 있으면서 없다[有而無], 있지도 않고 없지도 않다[非有而非無]의 사구四句로 헤아릴 수 없는 미묘한 일심[如來藏]의 자리에는 결정성決定性의 일체 근인根因이 없지도 않는 것이니, 윤회의 생멸법과 생멸이 다한 열반이라는 법, 열반을 성취한 제불의 근인이 없지도 않는 것이다.

마음 수행하는 데는 먼저 위(違: 逆)와 순順의 개념을 잘 알아야 한다.

위(違: 거슬리다)란, 지금 범부 상태의 어지럽고 욕심으로 가득 찬 더러운 마음을 억제하고 제어하며 고치고 다스려서 가지런히 하고 정화하고자 함을 말한다.

순(順: 그대로 따르다)이란, 마음에 일어나는 욕망 따라 느낌 따라 집착하며 끌려 다니는 것을 말한다.

즉 위違는 마음에 일어나는 상想을 거부하며 이를 제거 내지는 탈피하고자 하는 것이라면, 순順은 그 상想에 혹하여 끌리어 가는 것이다. 그래서 위違는 삼승三乘과 이승二乘 단계의 공부를 말하고, 순順은 아직 불법의 가르침에 들지 못한 이들의 심행心行을 말한다.

그러나 중도묘의의 일승, 대수인법에서의 중도관中道觀은 이 양자의 행이 아니되, 또한 위違와 순順의 뜻이 함께 저절로 운용된다. 번뇌煩惱가 곧 보리(菩提, 覺)임을 심오心悟한 후에는 따로 이 번뇌의 마음을 작의하여 고치려 하거나 다스려서 가지런히 하고자 하지 않는다. 번뇌의 이 마음 그대로 각〔菩提〕임을 알았기 때문이다. 번뇌하는 이 마음자리를 떠나서 어디에 따로 열반의 자리, 해탈의 자리가 있는 것이 아님을 알았기 때문이다. 그러하니 그 번뇌의 마음 그 자리에서 어떻게 하려고 하지 아니하고 그대로 깨어 있는 채로 맡기고 가는 것이다. 이를 임운행任運行이라 한다.

선종의 조사선도 곧 이 행이다. 이 번뇌의 마음을 떠나서 따로 해탈을 구하지 않으니, 단지 무원무구無願無求할 뿐이라, 그 마음 그대로 무념이요, 무수無修이며, 무수지수無修之修이다. 바로 이 행은, 억지로 마음을 거슬러서 어떻게 하려거나 이루고자 하지 않으니 위違가 아니며, 또한 단지 물들지 않은 채로 깨어 있을 뿐이고, 번뇌의 마음에 혹하여 끌리어 가지 않기 때문에 순順도 아니다. 그러나 번뇌의 마음에 끌림 없어 이를 거부하는 뜻이 있으니 위違의 뜻이 있으며, 번뇌의 마음 그대로 보리(菩提: 覺)임을 아는지라 억지로 물리치지도 않으니 여기에 순順의 뜻이 있는 것이다. 이것이 둘(違와 順)이 아니되, 둘이 그대로 살아 움직이는 중도관이다.

요컨대 중도관이란 일체의 생각을 억지로 끊음도 아니요, 일체의 생각에 물들어 끌려감도 아니다. 바로 이렇게 함이 분별을 떠남의 행이니, 심체(心體: 法性)는 이 행에 의해 증득된다.

이렇게 말하여도 나타내기 어려우며,

이렇지 않다 하여도 또한 부정하기 어려우니,

이것은 의식을 떠난 법성의 무위라,

구경의 정의正義 체득하여 결정 얻기를 원하옵니다.

卽此云者誰亦難描畵　　非此云者誰亦難遮除

此離意識法性之無爲　　願窮究竟正義得決定

앞에서 설한 여러 법문들, 여러 어구를 빌려 설명하였으나, 그 실제를 그대로 드러내기 어려운 것이며, 또한 그러한 설명이 실제 그대로가 아니라 해도 그러한 설명이 잘못되었다고 부정하는 것도 어려운 일이다. 또한 그밖의 모든 법상(法相: 언설로 표현된 법문)도 마찬가지다. 어쩔 수 없이 언설로 나타냈으나, 그 언설만으로 온전히 그 뜻을 드러낸 것이 되지 못한다. 그렇다고 그 언설이 잘못되었다고 할 수도 없다. 수행자는 법문이 이러함을 잘 알아야 한다. 그 법문에서 뜻[實義]을 잘 파악하여 항상 자심에 비추어 보아, 자심성지(自心聖智: 自心에서 증득한 聖智)를 열어 가야 한다.

　이러한 대수인법은 의식을 떠난 법성의 무위無爲 그대로인지라, 이를 통해 구경의 정의正義를 체득하여 결정決定 얻게 되는 것이다. 결정이란 일심에서 일체법이 생함 없이[無生] 있음이다. 일심이니 무생이고, 무생이니 일심이다. 생함 없이 있음이니 멸함도 없어 결정이다.

이를 모르기에 윤회의 바다에 유전하오며,
이 법성의 증득을 떠나 따로 불타가 있는 것이 아니고,
일체는 이것이든 이것이 아니든 모두 있는 것이 아니오니,
법성과 일체의 근본 요의를 증득하길 원하옵니다.

由不知此流轉輪廻海   若證此性離此無佛陀
一切是此非此皆無有   願證法性一切種要義

일심이고 무생임을 모르니 윤회의 바다에 유전한다. 이 법성法性을
증득함이 바로 불타이니, 이밖에 따로 불타가 있는 것이 아니다.
일심이고 무생인데 이것이든 이것이 아니든 무엇이 있다 할 것인
가. 그러나 또한 일심이고 무생인 법성이 일체의 종[根因]이 되는
것은 부사의의 요의要義이니, 이를 증득하길 발원함이다.

나타난 것은 마음, 공이란 것도 마음,
밝게 통달함도 마음, 미란迷亂도 마음이며,
생도 마음, 멸도 마음이라,
일체의 더하고 덜함이 모두 마음임을 체득하길 원하옵니다.

顯現是心空者亦是心　　明達是心迷亂亦是心
生者是心滅者亦是心　　願知一切增損皆由心

나타난 모든 것은 내 마음이 나타난 것이니 오직 마음일 뿐이다.
일체의 명상名相과 개념 또한 마음이니, 공이라는 명상과 개념
또한 마음이다. 밝게 통달함도 마음 밖의 일이 아니며, 미혹하여
번뇌의 어지러움에 있음도 또한 마음일 뿐이다. 생함도 마음이요,
멸함도 마음일 뿐이다. 더해지고 감해짐도 바로 마음일 뿐이다.
오직 일체가 마음임을 요달하리.

억지로 생각 내어 관 닦으면 병이 되니 이렇게 하지 아니하고,

세간의 산란함과 얽매임의 소용돌이 떠나,

있는 그대로 본체에 자연스럽게 안주하여,

심의心義를 잘 호지하고 닦을 수 있길 원하옵니다.

不爲作意修觀所垢病　　亦離世間散亂纏繞風

無整安住本體於自然　　願得善巧護持修心義

불법 수행에 주의하고 주의할 일이 있다. 바로 어떤 법상(法相: 敎法의 내용)을 억지로 생각 내어 관하는 일이다. 교법의 뜻을 올바로 파악하였다면 그 교법에도 머물지 않고 벗어나게 되어 있는 것이 곧 불법이다. 머리 속에 그려진 법상이란 하나의 개념이요, 영상〔相〕이고 그림자이니, 여기에 집중하여 붙들고 있는 것은 참다운 수행이 아니다. 결국 머리 쪽에 정신이 집중되니 당연히 상기上氣가 되어 머리가 아프고 눈이 충혈된다. 수행을 잘못하여 일어나는 병은 거의 모두 여기에서 비롯된다.

　얻을 바가 따로 없는 것이 마음이며, 그 심체心體는 대상이 될 수 없고, 대상이 될 수 없어 본각本覺이거늘, 무엇을 따로 대상화하여 집중하고자 할 것인가.

　법상〔敎法〕을 많이 터득하면 터득할수록 심체〔眞如〕에 가까워지게 되어 있는 것이 불법이다. 그러나 가능한 한 빨리 최상의 이법을 경론을 통해서 터득하도록 해야 한다. 경론에서 갖가지

방편과 논리로 자세하고 친절하게 그 뜻을 이해하고 깨닫도록 설명하고 있다. 이를 공부하는 가운데 최상승의 선법이 열리게 된다. 최상승선의 기본은 억지로 생각 내어 닦는 수행이 아니라 무원무구, 무수지수의 임운행이다. 심의心義란 곧 일심이고 무생이며, 오직 마음일 뿐이고, 마음은 인식의 대상이 될 수 없다는 뜻이다. 또한 마음이 마음을 모르며, 마음이 있으면 마음을 보지 못한다는 진리이다. 『능가경』에 「칼이 칼을(자신을) 베지 못한다」고 하였다. 마음으로 마음을 어떻게 하려는 행을 떠나야 한다. 이러한 뜻이 수행하는데 항상 지침이 되길 발원함이다.

거칠고 미세한 망념의 파도가 스스로 적정해지고,
평정한 마음의 하류河流가 자연히 머무르며,
혼침과 산란함의 더러움 떠나
견고부동의 선정해禪定海 얻기를 원하옵니다.

粗細妄念波浪自寂靜　　無亂心之河流自然住
亦離昏沉悼擧之泥垢　　願得堅固不動禪定海

모든 망념의 파도는 본래 그림자와 같고 환과 같으며, 아지랑이와
같고 꿈과 같으며, 허공과 같고 공화空花와 같으며, 모륜(毛輪:
눈을 질끈 감으면 비치는 둥그런 환영)과 같아, 본래 무생임을 여실히
안다면, 그 상에 물들거나 얽매이거나 집착함이 없게 되어, 그
파도가 적정해지고 평온하며 명정明淨한 마음의 하류河流가 자연
히 머무른다. 혼침과 오락가락 하는 산란한 마음〔悼擧〕 벗어나야
견고부동의 선정 이루어진다.

볼 수 없는 마음 자주 관찰할 때에
볼 수 없는 뜻 밝게 꿰뚫어 보며
이것인가 저것인가 의심스러운 생각 영원히 끊어서
어긋남이 없는 스스로의 면목 증지證知하길 원하옵니다.

數數觀察無可觀心時　　宛然洞見無可見之義
永斷是耶非耶之疑念　　願自證知無謬自面目

마음이 마음을 보지 못한다. 그렇다면 어떻게 마음을 관찰하라는
말인가. 바로 마음이 마음을 보지 못함을 알고, 마음이 본래 무생임
을 알며, 감소하지도 증가하지도 않음을 알며, 마음이 있으면
마음을 보지 못함을 알며〔有心不見心〕, 마음에 일어나는 상념을
얻을 바 없음을 알며, 이 심성心性이 그대로 불성이요 법성이며
일심법계一心法界임을 아는 것이 곧 마음을 관찰하는 것이다.
　심상心想을 얻을 바 없고, 또한 그 심상이 무생임을 알고
있으니, 더 이상 그 마음을 어떻게 하고자 하지 않는다. 단
지 그러함을 알고 있을 뿐이다. 곧 무관無觀의 관이다. 무수
無修의 수이다. 여기에서 볼 수 없는 뜻이 스스로 밝아져 온
다. 밝게 꿰뚫어진다. 이것인가 저것인가 의심할 필요도 없
고, 그렇게 의심하려는 마음도 일어나지 않는다. 바로 이 자
리에서 어긋남이 없는 스스로의 면목이 증지證知되는 것이다.

대상에서 마음을 보아 대상을 보지 아니하고,
마음에서 마음의 체성이 공함을 관찰하며,
이자二者와 이집二執이 스스로 해탈되어 있음을 관찰하여,
광명 심체心體의 실상 증득하길 원하옵니다.

觀察於境見心不見境　　觀察於心心無體性空
觀察二者二執自解脫　　願證光明心體之實相

대상은 곧 이 자심이 나타난 것이니〔自心所現〕, 대상에서 곧 이 마음을 보아야 하며, 그 마음 또한 체성이 공하여 어디에 있다 할 바도 없다. 대상과 마음의 두 가지〔二者〕, 그리고 그 두 가지에 대한 집착인 이집二執은 모두 얻을 바 없는 마음일 뿐이요, 공한 자리의 법이니 바로 각覺이요, 해탈이다.

　즉 심체心體는 공이고, 공한 가운데 전개되는 일체법은 그대로 각일 뿐이다. 바로 옳게 보면 있는 그대로 모두 해탈되어 있을 뿐이다. 이 자리는 먼저 일체가 오직 마음일 뿐임을 요달해야 얻어지는 것이며, 오직 마음뿐임을 요달하기 위해서는, 밖에 보이는 대상이 공하여 그림자와 같고 꿈과 같음을 알아야 한다. 이러한 단계를 거쳐서 무량광의 심체, 본각, 실상의 자리가 드러난다. 이들 용어는 모든 같은 말들이다.

의식을 떠난 이것이 바로 대수인이며,
분별을 떠난 이것이 곧 대중도라,
이것이 일체에 두루함에 이름하여 대원만이라 하옵나니,
결정신決定信 성취하여 하나를 지知함이 일체를
지知함이 되길 원하옵니다.

此離意者卽是大手印　　此離邊者卽是大中道
此攝一切亦名大圓滿　　願得決信知一知一切

의식을 떠나 법성의 무위에 안주함이 곧 대수인이다. 의식을 떠남
은 곧 분별을 떠남이요, 분별을 떠남은 어디에도 머무르는 바
없는 것이니, 곧 대중도이다. 대중도라 하는 것은 일체의 생각을
작의作意하여 끊음도 아니요, 일체의 생각에 물들어 끌려감도
아닌 까닭이다. 무원무구가 되어야 의식을 떠나는 것이며, 분별을
떠나는 것이다. 대원만이란 어디에나 평등 무차별로 두루 걸림
없음을 말한다. 이 대수인과 대중도의 행이 되어야 대원만이 가능
하다. 결정신決定信이란, 바로 일체법이 일심이며, 무생의 일체법
임을 아는 것이다. 일심에서 생함이 없이 생한 일체법이니 바로
결정성이다. 일심 무생의 결정성이기에 하나를 앎[知]이 일체를
앎이 된다.
　일심법계이니 일체법이 곧 하나요[一切卽一], 하나가 곧 일체이
며[一卽一切], 하나 가운데 일체가 들어 있고[一中一切], 일체

가운데 하나가 들어 있다〔一切中一〕. 그래서 하나를 앎이 일체를
앎이 된다. 불안佛眼으로 보면 이렇게 일체법 하나하나가 바로
법계연기의 화엄세계이다.

54

탐착하지 않는 까닭에 크나큰 즐거움이 끊어지지 아니하고,
상에 집착함이 없기에 광명이 번뇌의 장벽을 떠나게 하옵나니,
의식을 초월하고, 분별없는 그대로 임운하여,
억지 수행 떠난 끊임없는 행을 원하옵니다.

無貪着故大樂續不斷　　無執相故光明離遮障
超於意識任運無分別　　願無間修離勤之修持

세속법에도 출세간법에도 탐착함이 없는 무원무구행無願無求行이
요, 어떠한 심상도 이미 대상이 아니고 바로 각이며, 그대로 일심,
여래장의 공덕의 자리이고, 대락大樂이 끊임없이 솟구쳐 나오고,
지혜광명이 번뇌의 씨앗을 멸진하는 무량한 공덕의 자리이다.
대수인행법의 요체는 억지 수행을 떠남이요, 억지수행을 떠나니
힘을 덜어 쉽게 가고 멀리 가며, 무상의 구경지〔妙覺〕에까지 갈
수 있다. 그래서 원만성취가 가능하다.

탐착과 선묘각수善妙覺受도 스스로 해탈되어 있고,
미란악념迷亂惡念도 그 성품은 있는 그대로 청정하며,
취사 득실의 평상심은 본래 없는 것이니,
희론 떠나 법성의 근본 진리 증득하길 원하옵니다.

貪着善妙覺受自解脫　　迷亂惡念自性法爾淨
取捨得失平常心原無　　願證離戲法性之義諦

선묘각수善妙覺受란 수행이 진전되면서 일어나는 좋고 묘한 경계
(境界: 覺受, 느낌)를 말한다. 대개 마음에 일어나는 탐착은 나쁜
것이므로 이를 버리려고 한다. 반면에 선묘각수는 이전에 가져
보지 못한 안락하고 미묘한 경계인지라 이를 버리려고 하지 못하
고, 자신도 모르게 여기에 집착하고, 놓치기 싫어하는 마음이
생긴다.

　탐착을 버리려고 하는 것도 대수인행이 아니요, 선묘각수에
집착함도 물론 대수인행이 아니다. 왜냐하면 탐착도 선묘각수도
심상心相이고 심상心想일 뿐이며, 그 심상[心想]은 그림자와 같고
환과 같아, 무상이고 무상이니 어디에 따로 대상이 없어 버릴
것도 없고 취할 것도 없다. 또한 본래 일심一心이어서 탐착도
선묘각수도 같은 마음일 뿐이고, 본래 일심이니 따로 버리거나
취할 것이 없다. 능(能: 인식주체)과 소(所: 인식의 대상)가 따로
없이 일심이니 그 심체란 곧 각이고, 본래 각이어서 탐착이든

선묘각수이든 모두 해탈되어 있다. 탐착 그대로 해탈이요, 선묘각수 그대로 해탈이다. 이를 버리고자 하거나 취하고자 하면 이미 대상을 취함이니 무상無相과 일심에 어긋난다. 그래서 버리려 하거나, 취하고자 함이 없음이 곧 바른 수행이다.

각이란 인식의 대상이 될 수 없다. 능(주관)·소(객관) 불이〔不二〕의 일심이 곧 각이다. 일체법이 스스로 해탈되어 있다 함은 설청동시(說聽同時: 설함과 듣는 것이 한 자리이며 同時임)이고, 신증身證의 경계이니 이를 각이라고도 하고, 영지(靈知: 眞知, 絕對知)라고도 한다. 그래서 미란악념迷亂惡念도 그 성품은 있는 그대로 청정하고, 미묘무비微妙無比한 자리이다.

그러나 이 범부의 평상심에 염착染着되어서는 안 된다. 이리저리 오락가락하는 범부중생의 평상심은 착각으로 인하여 나온 것이요, 꿈속의 일과 같아 실재의 것이 아니다. 평상심에 물들지 않을 때, 평상심이 대상이 아닐 때, 이 평상심은 이제 각의 자리이고, 영지(靈知: 眞知), 해탈의 자리가 되는 것이다.

희론戱論이란 쓸데없는 논변이다. 무엇이 쓸데없는 논변인가. 자심수행에 전혀 도움이 되지 않고 방해만 주는 것이다. 그냥 논변에 끌리어 마음을 사변적으로 치닫게 하는 것이다. 논변을 위한 논변이고, 논변을 즐기며 하는 것이다. 희론이란 법문을 사변적인 사고로 해석하는 것이다. 법문을 자심自心에 비추어 보지 못하고, 머리로 이리저리 굴리며 세속의 학문처럼 사변적으로 해석하는 것이다. 법문에서 자심의 성품〔心性〕을 보아야 희론에

서 떠나는 것이다. 법성[心性]의 진리는 바로 희론을 떠나는 데서
발현되는 것이다.

중생의 성품은 비록 언제나 불성이지만
깨닫지 못하여 한없이 윤회하고 있사오니,
고통 속의 한량없는 유정중생들에게
언제나 참기 어려운 대비심 일어나게 하여 주옵소서.

衆生自性雖常爲佛性　　由不了知無際墮輪廻
於諸苦痛無邊有情衆　　願常生起難忍大悲心

부처님은 지知·정情·의意의 세 가지가 가장 훌륭하고 균등하며,
원만하게 갖추어진 분이라고 한다. 대승에서는 대비(大悲: 情)의
면을 증장하는 내용이 많다. 대승의 보살은 모든 중생을 동원(同
源: 같은 뿌리), 동체同體로 보아 대비심으로 함께 수행해 가며
성불하고자[同修成佛] 하는 원력으로 보살행을 한다. 이러한 원력
의 힘으로 소승의 열반락에서 뛰어나와 어려운 보살행을 하기에
아라한을 넘어 팔지보살八地菩薩·구지보살九地菩薩·십지보살十
地菩薩을 지나 등각等覺·묘각(妙覺: 아녹다라삼먁삼보리)에 이를
수 있게 된다. 바로 대비심이 갖는 힘이 발현되는 것이다. 그러나
지성知性과 의지가 충분히 갖추어지지 않은 상태에서 정情의 면만
치우치게 강하다면, 미망의 삿된 길을 가게 되기 쉽다. 대승의
행은 그래서 대승의 근기가 요구되는 것이다. 아울러 소승의 가르
침도 필요하고 소중하다.
　또한 대승의 행에서 사혹思惑의 뿌리가 온전히 제거된다. 사혹

의 끈질긴 뿌리를 제거하는 데는 정情의 순화가 필요하며, 정의
순화는 바로 중생에 대한 동체대비심으로 이루어진다. 또한 정이
순화되었을 때 동체대비심이 저절로 이루어진다. 그러나 쉽게
동체대비심을 갖게 되는 것은 아니다. 그러니 항상 대비심이 우러
나오길 불보살과 스승님들께 기도하는 것이다.

참기 어려운 대비심이 멸하지 아니하고 끊임없이 일어날 때에
체성인 공의 뜻이 적나라하게 나타나오니
이것이 어긋남을 떠난 가장 뛰어난 쌍운도雙運道라,
밤낮 없이 언제나 이 관에서 떠나지 않길 원하옵니다.

難忍悲用未滅起悲時　　體性空義赤裸而顯現
此離錯謬最勝雙運道　　願不離此晝夜恒修觀

불심佛心은 대비심이고, 심체心體 그대로 불심이니, 대비심으로
충만함은 심체에 이르름이다. 그 심체〔心性, 空〕란 곧 자비광명과
지혜광명으로 충만한 자리이다. 자비심이 증장하면 지혜심 또한
증장된다. 공의空義가 적나라하게 드러남이란 곧 지혜광명이 드러
남이다. 자비와 지혜가 함께 닦아지고 증장됨이 어긋남 없는 수행
이다. 이 양자를 함께 닦아 나가는 것이 쌍운도雙運道이다.

수행으로부터 나오는 천안통 등의 여러 신통은
유정들을 성숙케 하고, 여러 불찰佛刹을 청정하게 하며,
불타의 뛰어난 법과 모든 대원을 원만히 성취하여 주옵나니
구경의 원만한 청정함 이루어 성불하길 원하옵니다.

由修所生眼等諸神通　　成熟有情淸淨諸佛刹
圓滿佛陀勝法諸大願　　究竟圓成淸淨願成佛

자심自心수행을 통해 자심이 갈수록 명정明淨해지면 결국 진여眞
如를 친증親證하게 되어 보살초지〔환희지〕에 오르게 된다. 초지에
서 진여를 친증하여 현행하는 아집을 넘어섰으니 여기서부터는
성위聖位가 된다. 그리고 진여 불심의 공덕이 하나하나 발현되기
시작한다. 먼저 숙명통부터 열리고 이어 천안통·천이통·신족통·
타심통·누진통 등의 육신통이 열리게 된다. 묘각에 이르는 과정에
서 이러한 신통은 갖추어지게 되어 있다. 신통 자체가 목적은
아니나 본래 진여 일심의 공덕이니 그 증득함의 정도에 따라
그만큼의 신통이 갖추어지게 되는 것이다. 보살초지에서 보살십
지〔法雲地〕까지를 수분각隨分覺이라 하니, 이는 처음 진여〔覺〕를
증득한 후 점차 증득이 심화된 만큼(즉 隨分) 각을 증득하는 단계인
지라 그렇게 부르는 것이다. 그 과정은 개인에 따라 신속히 이루어
지거나 몇 단계를 뛰어넘거나 하는 경우와 느리게 이루어짐의
차이가 있다. 그리고 이러한 신통력이 갖추어짐에 따라 미혹한

중생을 잘 살펴서 여러 방편을 통해 인도할 수 있게 된다. 숙명통과
천안통이 이루어졌을 때 전생의 도반들, 가까웠던 인연중생들이
지금 어디에서 무엇하고 있는지를 알아 그들을 인도하며 성숙케
할 수 있는 것이다. 본래 불찰(佛刹: 淨土)이건만 미혹에 빠진
중생들에겐 오탁한 중생계이다. 수행자의 신통력은 이 미혹한
중생들을 바르게 인도할 수 있는 힘이 되고 지혜가 되어 준다.
그래서 신통력은 정토를 이루게 하는 것이다. 국토를 청정히 하고,
중생계를 청정히 함은 곧 자심에서 구경의 원만한 청정심을 이루는
것이다. 또한 불타의 뛰어난 법과 대원을 성취함이다.

또 『지광명장엄경』에

"여래는 스스로를 청정하게 함으로써 중생의 정화를 인도하는
것이다. 여래의 정화와 중생의 정화, 이 두 가지는 나누어지지
않는다."

고 하였다.

진여를 친증하여 보살초지에 이르는 데는 불보살의 가피력이
있어야 한다고 한다. 이어 대원의 성취에 이르기까지 불보살의
가지력이 함께 한다. 부처님이 모든 보살의 행을 가지(加持: 호지)
하심이 곧 여래선이다(『楞伽經』). 부처님의 가지하심이 없다면
보살들도 아차 하면 잘못된 길로 빠지고 만다고 한다.

시방十方의 불타와 불자의 대비력,
일체의 청정한 선업력善業力을 지니고,
그 힘에 의지하여 자타가 모두 청정하게 되길 기원하오니,
여법하게 임운任運하여 성취할 수 있게 되길 원하옵니다.

十方佛陀佛子大悲力　　所有一切淸淨善業力
依於彼力自他淸淨願　　願得如法任運而成就

모든 수행공덕은 결국 모든 중생에게 회향廻向되도록 발원하여야
한다. 회향이야말로 동체대비의 실현이다. 진정한 성취는 회향이
순수하게 원만히 이루어진 것이어야 한다. 그리고 모든 중생이
어디에나 계신 불타의 대비력大悲力의 가피 받기를 기원하여야
한다. 그리고 그러한 성취에 이르게 하는 가장 뛰어난 행은 자심에
서 여법如法하게 임운하는 것이다. 여법하게 행함이란 바로 불법의
가르침에 어긋나지 않게 행하는 것이다.
　　이 행行과 원願이 제불보살마하살과 상사上師의 가피력으로
원만 성취되길 기원하나이다.

항하
대수인

恒河大手印

해제

항하대수인은 대수인법문 중에서 무상無上의 심요법문인 무수대수인無修大手印에 속한 법문이다. 인도 밀교의 틸로빠 조사가 항하(갠지스강)의 하반河畔에서 제자인 나로빠에게 전수하였고, 나로빠 조사는 인도에 유학 온 티베트의 마르빠에게 전하였다. 마르빠는 이를 112구의 티베트어로 번역하였고, 이후 이 법문은 티베트 밀종 백교(白敎; 까귀파)의 주요 교전으로 전수되었다. 근대에 이르러 1930년대에 공갈貢嘎상사가 중국 내지에서 티베트 밀법을 전수할 때에 이 법문을 공개하면서 해설 강의하였다. 장묘정 거사가 이 강의를 강릉에서 정리 기록하여 『항하대수인강의』로서 출간 널리 유포되게 되었다. 대만의 티베트밀교 연구가 호지진은 공갈상사의 강의문을 개정하고 수정하여 정리하였다.

『항하대수인강의』는 대만의 자유출판사에서 1979년 밀종총서의 하나로 『항하대수인직강』의 이름으로 출간되었는데, 이는 장묘정 거사가 정리한 것을 원본으로 한 것이다. 한편 근래 중국에서 구릉邱陵이 호지진의 개수본改修本을 원본으로 하고, 여기에 해설을 덧붙여 『항하대수인강의전석恒河大手印講義詮釋』의 이름으로 그가 편찬한 『장밀수법정수』(北京工業大學出版社, 1991)에 수록하여 출간하였다.

본서는 이 양서 가운데 후자를 저본으로 하였다. 본 편에서는
필자의 해설을 생략하고 공갈상사의 강의문 만을 그대로 번역하였
으나, 맨 앞의 대수인에 대한 설명은 별로 잘 되어 있지 않고,
앞에서 이미 자세히 언급한 까닭에 생략하였다. 또 본문 둘째
단락까지의 강의 부분도 내용이 흡족하지 않아 필자가 대폭 새로
작성하였다. 구릉邱陵이 추가로 해설을 덧붙인『전석詮釋』의 글
또한 공갈상사의 상세한 강의만으로도 충분하다고 생각되어 옮기
는 것을 생략하였고, 필요한 부분은 필자가 각주에서 인용 설명하
였다.

본『항하대수인』은 일명『금강대수인이십팔송』으로도 칭해진
다. 다만 송의 수가 28송이 되지 못한데 이는 한 구의 글자 숫자가
7자로 일정한 것이 아니라 더 많은 곳이 많고, 인도에서는 4구를
한 송으로 계산하는 까닭에 실제의 전문 112구를 4구로 나누어
28송이라 한 것이다.[8]

그리고 공갈상사의 강의 분량이 상당히 많아 그 한자 원문의
인용은 생략하고 국역 부분만 실었다.

---

8 이에 대해서는 底本 원문의 후미에 설명되어 있음.

틸로빠 조사 造
貢噶上師 講義

금강공행께 경례하나이다.

敬禮金剛空行

공행空行은 곧 공행모(空行母: Dakin, 古譯으로는 明妃)이다. 밀승
密乘의 호법護法이며, 수행자의 반려伴侶이기도 하고, 지도자이기
도 하다. 공성空性과 자비慈悲를 대표하며, 여성의 자태로 출현한
다. 대개 화신化身으로 나온 천녀상天女相을 가리키는데 천공天空
에 비행하는 까닭에 공행이라 이름 한다. 날개가 없고 구름을
타지 않는다고 한다. 구경의究竟義에 의거하여 논한다면 반야불모
般若佛母가 일체불一切佛의 출생처이니 곧 최고의 공행모이다.

금강金剛은 곧 무상無上이며, 불괴不壞이고, 부수지 않음이 없음
을 나타냄이니 금강공행金剛空行은 곧 구경의의 공행인 반야불모
를 가리킨다고 하겠다. 공空의 이리인 반야가 곧 불모佛母인 까닭이
다. (이 첫 句의 해설은 필자가 작성하였음)

대수인법은 비록 말로 나타낼 수 없으나
상사上師의[9] 가르침에 대해 고행과
인忍과 지혜를 갖추고 실천한 나로빠에게
갖가지 수심修心의 요법을 구수口授하나니 마땅히 이와 같이 행
하라!

大手印法雖無表　　然于上師具苦行
具忍具慧那洛巴　　具種修心如是行.

이 게송은 틸로빠 조사가 나로빠 조사에게 구수口授한 가르침의
첫 송이다.

　대수인법에는 근根과 도道와 과果의 세 가지 뜻이 있다.(여기까
지 본 강의문을 수정함) (이하 공갈상사의 강의문을 그대로 옮김)
소위 근대수인根大手印이란 무엇인가. 곧 일체 모든 중생에게
상주하는 진심眞心과 불佛은 별개의 것이 아니어서 평등하고 평등
하며, 본래 청정하고 상주하는 것인데, 비록 홀연히 불각不覺
중에 무명無明이 일어났으나[10] 그 진공眞空의 체성은 여전히 스스로
명정明淨하며 이리저리 육도에 윤회하나 끝내 증가함도 없고 감소
함도 없다〔不增不減〕. 이 상주하는 진심은 때로는 본각·여래·보현
왕普賢王·아미타불 등으로 칭하나 이름만 다를 뿐 실實은 같다.

---

9 여기서는 나로빠의 스승 틸로빠를 가리킨다.
10 이를 無明의 바람이라 한다(無明風).

이 일진심—眞心이 곧 근根대수인이다. 홍교紅敎에서[11] 이르길, 보현왕은 원시불元始佛이니 자량資糧을[12] 쌓거나 업장을 청정하게 제거할 필요가 없다. 이를테면 바닷물이 바람이 부는 것으로 인해 파도가 일어나는 것과 같아서 만약 다시 더 요동하게 하면[13] 다시는 맑게 될 때가 없다. 또 저 허공의 운무雲霧가 비록 일어났으나 운무가 사라지면 허공의 성性이 여전히 그대로여서 조금도 감손減損되지 않은 것과 같다. 만약 사람의 마음에 본래 명정의 체성이 없다면 어떠한 방편으로도 이를 청정(명정)하게 할 수 없을 것이다. 마음이 본래 묘명정妙明淨의 체를 갖춘 까닭에 방편으로써 각覺에 위배되고(거슬리고) 진(塵: 色聲香味觸法; 인식의 대상)에 영합한 망념을 제거할 수 있는 것이며, 진塵에 거슬리고 각에 영합하여 성불할 수 있다. 소위 도道대수인이란 무엇인가. 상사上師를 공경하며 믿고 따르고 법을 들을 수 있게 되고는, 들은 바에

---

11 寧瑪派(영마파, 닝마파 rnying ma-pa)를 말한다. 닝마rnying ma란 古 또는 舊의 뜻이다. 8세기 중엽 티베트에 와서 위대한 행적으로 크게 교화한 인도승려 蓮華生(pad-ma 'byung-gnas)의 전래에 의해 성립되었다. 여타의 종파에 비해 대략 3백 년 정도 이전에 성립되었고, 舊密呪 위주로 전승 수행하는 까닭에 닝마파(古派, 舊派)로 칭하게 되었다. 在家僧人으로 家業과 娶妻의 생활이 보통이며 紅色의 衣冠을 쓴다.

12 자량資糧이란 여행할 때에 갖추고 준비하여야 할 여비나 식량 옷 등과 같이 성불의 길을 가기 위해 준비하고 갖추어야 할 것들을 말한다.

13 마음을 어떻게 맑게 하거나 資糧을 쌓으려고 하면 오히려 그 마음을 요동케 함이 된다.

따라 여리如理하게 사유하여 결정의 정견을 얻고, 또한 여리하게 이를 닦는 것, 이것이 곧 도道대수인이다. 이렇게 문閒·사思·수修의 행을 호지하고 닦은 결과 일단 활연豁然 개오開悟하여 구경을 통달하고 여여부동함을 증득하여 진심이 드러나니 이것이 곧 과果대수인이다.

또한 근본의 대수인은 사량과 언설을 뛰어넘어 있어 범부의 분별망심으로 능히 깨달아 알 수 있는 것이 아니다. 반드시 스승에 의지하여야 법을 들을 수 있다. 의지함에는 세 가지 뜻이 있다. ①은 의지함이 인因이 됨이요, ②는 의지함이 연緣이 됨이고, ③은 의지함이 가지加持가 됨이다. 왜 인이 된다 하는가? 스승에 의지하여 '불수不修·부정不整·불산란不散亂'의 가장 뛰어난 구결의 법을 들을 수 있고, 이에 의지하여 수지하는 것이 곧 성취의 승인(勝因: 뛰어난 因)이 되는 까닭이다. 왜 연이 된다 하는가? 이에 의지하는 까닭에 잘못을 참회하고, 자량을 모으는 승연(勝緣: 뛰어난 緣)을 구족하고, 항상 끊임없이 정진 수지하여 스스로 능히 스승의 무상無上 가지력에 의지할 수 있으며, 여여부동함을 증득하는 까닭이다. 이를테면 벙어리가 사탕을 먹고, 그 맛을 말로 표현하지 못함과 같으며, 사람이 물을 먹고는 차고 뜨거움을 스스로 아는 것과 같다. 가장 중요한 사항은 제자는 마땅히 의지하는 스승에 대하여 지성의 청정한 신심과 공경심을 갖추어야 한다는 것이다. 이 까닭에 대수인도에서 가지加持를 얻고자 하건대 스승에 대하여 응당 청정한 신심과 공순恭順하는 마음을 갖추어야 하는

것이니, 이렇게 하면 제불여래께서 곧 스승의 상을 나투시어 가지
하신다. 비유컨대 일광日光에서 불(火)을 얻고자 하면 돋보기
거울(볼록렌즈)을 쓰면 되는 것과 같다. 돋보기 거울은 곧 제자의
신심과 공순하는 마음이니 능히 가지加持의 불을 일으켜 업장을
태워 멸하고 성취할 수 있게 한다. 나로빠 조사는 그의 스승인
틸로빠 조사에 의지하여 지성의 청정한 믿음과 경순하는 마음을
갖추었으며, 또한 불가사의한 고행과 난행을 갖추어 백교白教의
제삼대 조사가 되었다.

74

비유컨대 허공은 어디에 의지하는 바가 없듯이
대수인법 또한 경계(대상)에 의지함이 없나니,
경계에 임운任運하여
결정코 (無明업장의) 묶임으로부터 해탈하리.

譬如虛空無所依　　大手印亦無依境,
住于任運境界中　　定從系縛證解脫.

수심修心의 구결은 대부분 비유로 설하는데 이 송頌도 허공으로
비유하였다. 저 허공이라 함은 무변無邊 무제無際하고, 가히 의지
할 바가 없다. 대수인 또한 허공과 같이 또한 의지할 바가 없다.
까닭에 오직 이 상주하는 진심에 의지하여 일체의 희론을 떠나고,
마음을 어떻게 닦아서 조정하려고 하는 것을 떠나 임운 평탄平坦함
에 안주하면 결정코 무시 이래의 무명업장의 묶임으로부터 해탈
자재할 수 있다. 이 생멸심을 단박에 놓아 버리면 자성이 곧바로
저절로 현전된다. 찰나의 망념이 일어나면 찰나의 혜화(慧火:
지혜의 불)가 이를 태워 없애니 이 심心과 망념을 동시에 해탈한다.
마땅히 알라. 찰나 생멸하는 망념과 생멸함이 없는 자성은 본래
하나의 정체整體이니 바닷물의 파도와 같고, 여름날의 벼락과
같다(생겼으나 본래 생긴 바가 없고, 멸하였으나 본래 멸한 바가 없다).
그러나 만약 아직 임운행任運行에 통달하지 못하였다면 마땅히
백련화 조사가 저술한 『대수인유가법요』에서 설한 법 가운데

이보二步 앞의 방편법으로 닦아야 한다(즉 切念法과 從念法).[14]

밀라레빠 존자는 말한다.

"마음을 어떻게 조정하거나 다스리려고 하지 않는 행[不整治]을 닦는 데는 반드시 세 가지 사항[三事: 주의사항]의 통달이 필요하다. ①번뇌와 망념을 어떻게 조정하거나 다스리려고 하지 않으면 추락墜落하게 된다. ②락樂·명明과[15] 무념(無念: 여기서는 無記의 無念)에 머물러 어떻게 조정하거나 다스리려고 하지 않으면 삼계에 유전하게 된다. ③진심眞心이면 어떻게 조정하거나 다스리려고 함을 허용하지 않는다[不許整治].

조금도 마음을 어떻게 조정하거나 다스림이 없는 것으로 오해해서는 안 된다. 진정한 대수인이라 하는 것은, 본래 선악을 떠난 진심에 대하여는 분별하거나 다스려 조정하는 것을 확고하게 하지 않는 것이다. 이것은 이를테면 계곡의 폭류가 떨어지면서 청淸과 탁濁을 스스로 나누고, 혹은 노도와 같이 급박하게 흐르면서 스스로 격렬해지고 스스로 잠잠해지는 것과 같다. 락樂·명明·

---

14 『大手印瑜伽法要』에서 切念法이란 좌선 중에 어떠한 상념이나 감흥이 급격하게 일어났을 때 이를 전광과 같이 맹렬히 끊어 더 이상 이어지지 않도록 하는 것을 말한다. 즉 찰나에 그 상념의 뿌리를 절단하여 선정을 이어가는 것이다. 從念法이란 切念法에서 일보 전진한 행법으로 상념을 억지로 制止하려고도 하지 아니하고, 상념에 그대로 흔들리며 따라가지도 아니하는 것을 말한다. 즉 想念에 放任하되 그 想念에 의해 흔들리거나 물들지 않는 행이다.

15 좌선 중에 感受되는 즐겁고 밝은 상을 말한다.

무념無念이란 일도一道의 청정이니 공적空寂함을 비추어 명정明定을 이룸이다. 단지 번뇌 망념이 크게 일어날 때에는 또한 반드시 맹렬하게 정념正念을 일으키고 날카롭게 '비(呸, pei)'의 일성을 질러서 다시 청정하게 해야 한다. 만약 제어함이 너무 긴박하면 또한 반드시 '비(呸, pei)'의 일성을 질러서 망념을 그대로 방하放下하여 (그 망념에) 따르지도 아니하고 제지하지도 아니한다. 이렇게 하는 것은 번뇌 망념에 끌리어 떨어지지 아니하게 할 뿐 아니라 또한 조도助道의 뛰어난 연이 되게 한다. 락수(樂受: 즐거운 느낌)가 너무 심한 경우에도 또한 반드시 '비(呸, pei)의 일성을 질러야 하며, 이루어진 무념無念이 무기無記가 아니어서 외도의 그것과 마땅히 구별되어야 하는 것이니 이렇게 되어야 삼계三界에 유전함을 면할 수 있다.[16] ③에서 진심이면(眞心에 대해서는) 정치(整治: 조정하고 다스림)하는 것을 허용치 않는다 한 것은, 이상의 여러 병(病, 잘못됨)이 없게 되어 진심에 잘 머무를 수 있게 되었으면 마땅히 어떠한 닦음과 조정〔修整〕함도 없어야 한다는 것이고, 이제 임운함에 통달하였으니 보리菩提에 증입할 수 있도다!

---

16 수행의 진전에 따라 感受되는 樂·明도 지나치면 마음이 여기에 끌리어 수행의 진전을 방해한다. 樂·明도 相이니 본래 無相임을 알아 끌려서는 안 된다. 그 끌리는 성향을 날카롭게 끊도록 하기 위해 呸(pei)의 一聲을 마음속으로 지르라 하는 것이다. 無念 또한 자칫하면 無記 상태가 되어 外道의 그것과 같은 것이 될 수 있으니 이 또한 앞의 注에서 말한 바와 같은 正法의 無念이 되도록 깨어 있어 다스려야 한다는 것이다.

락樂·명明·무념無念의 세 가지는 마땅히 치우치지 않아야 한다. 락이 너무 심하게 되면 욕계에 유전하게 되고, 명이 너무 심하게 되면 색계에 유입하게 되며, 무념이 너무 성하게 되면 무색계에 유전하게 된다. 이것이 락·명·무념을 다스리지 않으면 안 되는 까닭이다.

또 첫 구에서 '허공은 의지하는 바가 없다(虛空無所依)'고 한 데서 '의지한다[依]'에는 '지시하여 말로 설명한다'는 뜻이 있다. 그 다음의 구에서 '대수인 또한 의지하는 바가 없다(大手印亦無依)'고 한 데서의 '의依'에도 '이에 의지하여 작수作修한다'는 뜻이 있다. 이러한 까닭에 우리들이 비록 항상 말로 '허공'이라 하지만 허공의 진실한 뜻은 지시하는 것과 말로 설명함을 떠나 있다는 것이다. 같은 이치로 대수인의 진실한 뜻도 이미 사량과 말로 설명함을 떠나 있으니 대수인의 수지修持는 실로 허공과 같아 마찬가지로 지시하고 말로 설명할 수 없다. 이것이 곧 소위 '닦음 없이 닦음[無修而修]'이다.

제삼구 '경계에 임운함에 주住하여'란 곧 이 무수이수無修而修이니, 젖이 아기를 만족하게 하여 임운하고 여유로우며 평안하게 잠에 들게 하듯이 어떠한 얽매임과 번뇌에도 모두 법이(法爾: 眞如, 如如)의 계界에 귀歸하게 하며, 어떠한 묶임에서도 결정코 해탈하게 한다. 이를테면 사라하 대사가 다음과 같이 설한 바와 같다.

"이 진심眞心이 허공과 같아 식별할 수 없는 것임을 능히 요달하면, 또한 닦는다는[修] 것이 실은 닦을 수 없는 것이며, 일체 모든 망념이 본래 있지 않은 것임을 능히 알게 된다. 또 이 진심에서 마음을 조정하려거나 다스리려고 하는 경각심을 일으키지 아니하며, 선악의 생각이 일어날 때에 애증愛憎과 정치整治하려는 경각심을 일으켜 오염의 증상연增上緣을[17] 가중시키지 않는다면, 이 진심에서 곧 임운하게 되어 여여부동의 경계에 안정할 것이다."

---

17 증상연: 더욱 증장시켜 주는 연緣을 말한다.

비유컨대 눈으로 허공을 관찰하여도 보이는 것 없듯이
이와 같이 자심으로 본래 정묘淨妙하고 밝은 마음을 관하면
모든 삿된 망념 소멸되고 깨달음 증득하네.

譬如以眼觀察虛空無所見,
如是以自心觀本淨妙明心,
一切邪妄焚滅消除證覺地.

이 게송은 허공으로써 본래 정묘淨妙하고 밝은 마음을 비유한
것이다. 본래 정묘하고 밝은 마음이란, 상주하는 진심이며, 또한
곧 자성이다. 우리가 밝고 맑은 허공에서 오직 밝고 드넓은 공간만
보고 다른 어떠한 일물一物도 보지 못하는 것이니, 이 비유로써
만약 능히 진심에 본래 일체의 전도 망상이 없는 것임을 관할
수 있다면 이것이 곧 견성성불이다.

비유컨대 공중에 운무 흩어져 있으나
본래 머무르는 자도 없고, 가는 자도 없듯이
분별하는 식의 파도, 마음에서 생하나
마음이 본래 청정함을 본다면 식의 파도 저절로 멸하네.

譬如空中雲霧散,　　本無住者及去者,
分別識浪生于心,　　觀心本淨浪自滅.

공중에 때로 운무雲霧가 나타나나 이 운무가 나오게 된 것은 땅과
물에서 나온 수증기에 연緣한 것이요, 수증기가 연하게 됨은 인연
으로 생긴 법이 아님 없으니 그 자성이 본래 공이라 가유假有이되
(운무라는) 실체는 없다. 그것이 생긴 것에 당하여 그것이 머물러
있다고 분별 집착해서는 안 되며, 그것이 흩어져 사라짐에 당하여
그것이 사라졌다고 분별 집착해서는 안 된다.

　마음에 의지하여 일어나는 망념에 당해서도 또한 이와 같다.
망념이 어디로부터 생긴 것인가? 갖가지 정물情物이 그 대상이
되는 것에 연하지 않음이 없으며, 이 대상이 되는 정물 또한 본래
무자성無自性의 인연으로 생긴 법이다! 홀연히 생겼다가 홀연히
멸하는 무자성의 망념이라 곧 이 당면의 심념心念을 일어나게
한 것(能起)과 일어난 것(所起), 멸하게 한 것(能滅)과 멸한 것(所
滅)이 모두 무자성일 뿐 아니라 또한 능히 상주하는 진심을 넘어서
는 그 밖의 어떠한 것도 없다. 이러함을 명료하게 안다면 곧바로

상주하는 진심에서 임운하며 여유롭고 평안하게 안정할 수 있으며, 그 망경妄境과 망념, 그 심식心識의 파도 또한 저절로 순식간에 멸한다[頓滅].

비유컨대 공이 일체의 색을 떠나 있어
흑백 등의 색이 오염시킬 수 없는 것과 같이
묘명심妙明心 또한 모든 색을 떠나 있어
선악 흑백이 오염시킬 수 없네.

譬如空離一切色　　黑白等色不能染
妙明心亦離諸色　　善惡黑白不能染.

이 송은 허공으로써 진심(眞心: 妙明心)을 비유하여 그 근원은
어떠한 색의 오염도 받지 않음을 밝혔다. '일체의 색'이라 한 것은
여기서는 단지 형색과 드러난 색[顯色]을 가리킨다. 형색은 대소,
장단, 방원方圓 등이고, 드러난 색은 남색 녹색 홍색 노란색 흑색
흰색 등의 여러 색이다. 우리들이 이 세계의 하늘을 보는데 밝고
맑을 때에는 오직 이른바 하늘의 푸른색이 나타나 있음을 본다.
그 때문에 『대법론』에서[18] 설한 바와 같이 이 일천하一天下 수미산
의 남쪽은 모두 폐유리색이 비추어 나타나니 즉 이것이 하늘의
푸른색이다. 실은 허공이란 그것이 어떠한 색을 지니고 있다고
할 수 없을 뿐 아니라 또한 그것이 어떠한 안색을 지니고 있다고
분별 집착할 수도 없다. 어떠한 인연이 생길 때마다 어떠한 색을
가현假現할 뿐, 진공眞空은 분명히 어떠한 색상을 지니고 있지

18 『對法論』:『아비달마잡집론』의 異稱이다.

않다. 가유假有의 색이 일찍이 스스로 이 허공을 오염시킨 바가
없다. 이와 같이 선악의 백흑 등의 업이 실은 이 진심을 오염시킬
수 없음이 이와 바로 똑같다. 이 심心의 여래장성은 여여如如
상주하여 범부에게 있다 하여 감소되지 아니하고, 성인에게 있다
하여 증가되지 않으니, 바로 이것이 리理이다.

　이 시작 부분의 여러 게송에서 왜 허공을 자주 인용하고 있는가?
그 이유는 진심의 본체가 곧 허공의 체인 까닭이니, 무릇 모든
색법(色法: 물질의 존재)・심법心法과 심소법心所法을[19] 모두 남김
없이 포함하는 까닭이다. 삼계가 오직 마음일 뿐이며[三界唯心],
만법(色, 心의 모든 존재)이 오직 식일 뿐이다[萬法唯識]. 또 공이
이 마음에서 생기는 것이 마치 해면海面에 하나의 물거품이 생기는
것과 같아, 생사와 열반의 법 또한 이 일심 밖에 있는 것이 아니다.[20]

19　일체법을 단시 色法과 心法으로 나누어 말할 때의 心法은 心王(인식의
　　주체로서의 마음)과 心所法(心에서 인식하는 대상이 되는 것: 心의 모든 상념)을
　　모두 포괄하여 말하나, 일체법을 五位로 나누어 말할 때 五位 가운데
　　心法과 心所法이 함께 들어가고, 여기서의 心法은 心王만을 가리킨다.
　　본문에서는 心法과 心所法이 함께 열거되어 있으니 여기서의 心法은
　　곧 心王이다.

20　空이 이 마음에서 생긴다는 것은 마음에서 생긴 想念이 곧 그림자와
　　같아 그 체성이 空인 까닭에 想念이 생한 것은 곧 空이 생함이다. 해면에
　　하나의 물거품이 생함도 그 體性이 空이어서 마음에 想念이 생함과 마찬가
　　지이다. 또한 마음에서 想念이 생하고 사라짐도 마음을 떠난 것이 아니고,
　　해면에 물거품이 생하고 사라짐도 바다를 떠난 것이 아니다. 또한 이
　　생함과 사라짐(生死)을 여의는 것(해탈) 또한 一心을 떠나 있는 것이 아니다.

까닭에 『금강가영』에서 사라하 대사의 게송을 인용하여 말한다.

"이 심心의 체성을 마땅히 구할지니
이는 의보意寶와 같아 내가 경례하네!"
(此心體應求得, 此如意寶我敬禮!)

이 심의 체성은 곧 상주하는 진심이며, 여여하여 부동하다.
이 게송을 해석한 글에서 말한다.

"오직 이 심체는 일체 모든 법의 종자를 남김없이 포함하며,
이 종자로부터 생사 열반의 일체법이 나타나는 것이니, 이렇게
나타나는 이법을 밝게 깨달으면 해탈할 수 있고, 밝게 깨닫지
못하는 자는 삼계에 빠진다."

비유컨대 맑게 개어 햇빛이 밝게 비추이면
천겁의 어두움 사라지고 단번에 훤히 밝아지듯이
본래 정묘淨妙한 마음의 광명 발해지면
다겁 이래의 윤회 업장 모두 소멸되네.

譬如晴明日光照　　千劫黑暗頓開朗
本淨妙心放光明　　多劫輪回業障消.

상주하는 진심은 본래 스스로 광명을 발하는지라 이 송은 햇빛에
비유하여, 햇빛과 같이 능히 어두움을 부수며, 어디를 막론하고
수많은 세월을 지나온 어두움이라도 단지 햇빛 한번 비추면 곧바로
밝아지는 것과 같다고 한 것이다. 또한 저 광명이 비록 때로는
구름과 안개에 가리어질지라도 그 밝은 체는 항상함과 같다. 같은
이치로 이 마음도 본래 스스로 광명을 발하며, 본래 본각本覺의
지광智光을 지니고 있나니, 비록 무시겁無始劫 이래 미혹한 중생으
로 지내오며, 생사에 유전流轉하고, 육도에 윤회하면서 업에 따라
부침(浮沈: 生死)하여 왔지만 그 본각의 지광智光은 항상 있어
잃어진 바가 없다. 단지 구름이 햇빛을 가린 것과 같은 것에 불과한
지라 일단 구름이 흩어져 하늘이 개이면 곧 훤히 밝아져 빛나고,
대천세계가 밝게 빛나게 된다. 이러하니 불각不覺에서 시각始覺
이루고, 시각이 곧 본각과 같은지라 자子의 정광淨光이 생겨서
모母의 정광에 합해지는 것과 같다.[21] 이것이 성불의 불이법문이

다. 자성自性광명이 곧 모母의 정광이며, 법성광명이 곧 자子의
정광이니 이것이 타성일편(打成一片: 하나로 합일됨)되면 곧 증오
證悟함이며, 성불함이다!

---

21 子의 淨光은 곧 始覺을 말하고, 母의 淨光은 本覺을 말한다.

'허공'이라는 언설을 억지로 세웠으나
허공은 구경으로 언설을 떠났네.
또한 '본각의 심'이라고 억지로 말로 설명하였으나
구경으로 성취한다는 것은 실로 말을 떠난 것이다.
마음이 오직 본래 허공과 같아
일체법을 남김없이 모두 다 포함함을 알아야 하리.

虛空言說强安立   虛空究竟離言詮.
覺心雖亦强言釋   究竟成就實離言.
要知心惟本同空   無餘攝盡一切法.

상주하는 진심은 허공과 다르지 않다. 그러나 허공의 진실한 뜻은
언설을 떠나 있어 직설할 수 없다. 광명대수인이란 비록 위와
같이 간략히 비유로 말하거나, 또는 대원만승혜大圓滿勝慧의 법문
에서 요약하여 설하길, '일체의 나타난 모든 것은 일찰나에 자심에
서 원융하게 나타난 것이며, 일찰나에 원만하게 자성에 돌아간다'
는 등으로 설하거나, 또 대수인법에서 항상 설하길, '윤회와 열반의
일체법은 하나하나 모두 법성을 넘어서지 못한다'는 등등의 언설
을 세웠으나, 실제로는 언설을 떠났고, 생각이 끊어진 자리이다.
『중론』에서 설한 바와 같이 일체의 법성은 마땅히 상견과 단견
등의 희론 분별을 떠났으며, 진실로 명언名言을 세울 수도 없고,
설할 수도 없는 것이다. 또 허공이란, 세제(世諦: 世俗諦)에 의거하

여 말한다면 또한 그것이 진실하며 멸함이 없고, 하나도 있는 바가 없다고 할 수 있긴 하나, 단 구경으로 실상을 드러내고자 한다면 진실로 이 또한 (드러냄을) 얻을 수 없는 것이다(드러낼 수 없는 것이다). 용수보살이 『찬심송』에서 말하였다.

"제불께서 출생한 곳에
지옥에 떨어진 중생 줄어들지 아니하며
성불한 이 또한 본래 늘어난 바가 없나니
마땅히 이 마음에 경례하나이다."

(諸佛出生處, 墮地獄未減, 成佛原未增, 應敬禮此心.)

까닭에 허공이 일체의 모든 것을 남김없이 포함하는 것과 같이 이 여래장심은 일체의 모든 성인과 범부의 종자를 함께 지니고, 중생의 8식(제1-제8식)이 모두 갖추는 바가 되어,[22] 함께 상응하며, 세간의 모든 것이 드러나면 삼라만상이요, 숨으면 일념 부동하되, 자성에 돌아가지 않음이 없고, 세계만상이 내 마음과 서로 융화하게 됨에 자취를 찾을 수 없으며, 그 가운데 적정寂靜한 광명을 말로 나타낼 수 없다. 하나라도 (세계만상과 마음이) 상응하지 않는다면 곧 망심妄心이요 망경妄境이며, 서로 판연判然히 구분되어 세계가 다시 또 밖으로 노출되어 나온다. 까닭에 세계란 내

---

22 일체의 識이 如來藏을 갖추고 있음은 바다의 파도가 모두 바닷물을 갖추고 있는 것과 같다.

마음의 표현임을 알아야 한다.

사금이 비록 금의 성분을 지니고 있으나 아직 금이 되지 못한지라 반드시 연야煉冶의 작업을 거쳐야 하는 것처럼, 수행자가 비록 종宗의 정견을 세웠다 하더라도 스스로 닦아서 능히 증득하지 않으면 안 되는 것이다. 까닭에 이하의 8구 2송으로써 곧 삼문三門의 수법修法을[23] 교시하였다. (정당한 수행법은 상당히 많으나 이 무상유가는 더욱 더 높고 묘하다.)

---

23 다음 게송에서 말하는 身修와 語修·意修를 말한다.

신수身修는 모든 작위를 떠나 일 없는 데 머무름이요,

어수語修는 소리를 빈 메아리와 같이 보아 떠나는 것이며,

의수意修는 법法塵을 사량하고 분별함에서 떠남이니,

텅 빈 대나무 속처럼 이 몸을 지니라.

심心이 합일되어[24] 일체를 초절超絶하니 말과 생각 끊어지고,

임운하며 안주함에 취하고 버림 없나니,

집착하지 않는 마음으로 대수인에 계합하여

항상 이렇게 닦으면 결정코 올바른 보리菩提 증득하리.

身離諸作要閑住,　　語離塵聲空谷音,

意離思量比對法,　　如竹中空持此身.

心合超絶言思絶,　　安住任運無取舍,

無著心契大手印,　　恒修決證正菩提.

신수身修란, 게송에서 모든 작위作爲를 떠남이라 하였으니, 세간의 이익되지 않는 모든 작위를 버리고 떠나는 것뿐 아니라 다른 출세법도 또한 응당 버리고, 오직 평안하고 여유롭게 일 없는 데서 몸을 안주하게 하는 것이다.

　어수語修란, 이로움과 안락함이 없는 세간의 말을 응당 금하고, 내지 주어呪語도 또한 응당 쉬고 골짜기와 같이 평안하고 고요히

---

24 마음이 合一된다 함은, 見分(能)과 相分(所)으로 나누어진 마음이 能과 所가 둘이 아닌 본래의 一心에로 돌아감을 말한다.

하는 것이다.

  의수意修란, 모든 희론 사량과 분별하는 심상心想뿐 아니라 경각警覺하여 관상함도 또한 마땅히 쉬며, 바로 용심用心이 일어날 때마다 바로 마음 씀이 없이 하고, 지금 이 몸을 위로는 머리에서 아래로는 발바닥에 이르기까지 마치 대나무의 텅 빈 속처럼 하고, 마음을 허공과 같이 하여 일체의 분별을 초절超絶하는 것이다. 또한 마음을 항상 여일如一 평등하게 지녀 모든 흔들림과 혼침과 무기無記를 떠나 성성적적(惺惺寂寂: 고요하게 깨어 있음)하고 영명靈明하며, 취함도 없고 버림도 없는 무착無着의 마음으로 있는 것이니, 곧 이것이 상주하는 진심에 안주함이며, 바로 이것이 대수인정大手印定이다. 이와 같이 항상 수지하는 자는 결정코 홀연 찰나간에 어두운 방에 등불을 켜듯 광명이 두루 비치며, 무상의 열반 자성과 구생(俱生: 無始 이래)의 본각의 지혜광명 전체가 모두 현전되어 무상정각의 도를 즉시에 증득하리라!

92

밀주密呪의 경전과 바라밀 법문,
갖가지 경율과 법장法藏들,
각 종파들의 논의들,
이것들은 모두 광명대수인이 아니네.

密呪典及波羅蜜　　種種經律與法藏,
各個論議宗派等　　皆非光明大手印.

무릇 모든 밀승密乘의 주呪와 차제(次第: 順次)의 법문들, 그리고
반야바라밀다의 법문을 닦는 것, 내지는 번다한 경전의 조복調伏의
법문들, 성性·상相 2종과[25] 여기에서 나누어진 여러 분파들이 교를
논하고 이법을 담론하되 분별에 떨어진 것은 모두 광명대수인이
아니다. 갖가지로 분별하여 설한 법을 탐하는 까닭에 아직 집착을
면하지 못하였다. 현교顯敎만이 그러한 것이 아니라 밀종密宗에
있어서도 생기(生起: 기초 단계의 여러 방편수행법)와 원만圓滿의
여러 차제次第법문 및 기맥氣脈과 명점明点 등의 여러 법에 분별
집착하는 데 떨어지면 광명대수인을 보지 못한다. 뿐만 아니라
또한 하나의 법에라도 실집實執함이 있게 되면 광명대수인을 증득
하는데 장애가 되고 광명이 현전될 수 없다.

---

25 性宗은 般若空을 주요 법문으로 하는 龍樹와 제바보살 이래의 宗이고,
　相宗은 唯識법문을 주요 법문으로 하는 無著과 世親 이래의 宗이다.

분별 일으킴으로 말미암아 광명대수인에 장애되고,

삼매를 지킨다는 것이 오히려 잃게 하나니,

영원히 분별 떠나 의意에 집착하지 말라,

(心識은) 자생 자멸함이 저 물결과 같나니.

由生分別障明印,　　反失所守三昧耶,

永離分別不着意,　　自生自滅如水波.

분별 집착함은 광명대수인에 장애가 되는 까닭에 삼매를 지킨다는 것이 실은 오히려 삼매를 파괴하는 것이 된다. 까닭에 오직 영원히 분별을 떠나 항상 의(意: 마음을 어떻게 하고자 하는 것)에 집착하지 말지니, 저 물에서 생기는 물결과 같이 스스로 생하고 스스로 멸하는 것이다.

　보살제8지(부동지)를 퇴보함이 없다 해서 불퇴전지不退轉地라 하는데 이 보살위菩薩位에서부터 퇴보함이 없게 되는 까닭은 삼매도 幻과 같음을 깨달아 본래 생한 바가 없다는 無生의 진리(無生法忍)를 증득한 까닭이다. 그래서 삼매에 집착하거나 향함이 없다. 본연의 삼매이고, 삼매 아님이 없는 자리에서 삼매라는 법을 얻을 바가 없는 것이다. 본래 생한 바가 없는 삼매라 소멸함도 없어 보살제9지는 금강에 비유되는 금강유정金剛喩定이라 칭하고, 보살제10지에서 묘각까지는 금강불괴의 영원한 삼매라 금강삼매라 칭한다. ('보살제8지' 이하의 마지막 단락은 역자의 글임)

94

(모든 것은) 머무름 없고, 대상으로 취할 수 없다는 뛰어난 진리에
수순하면,
어두움 부수는 삼매를 수호할 것이며,
분별 떠나 머무름 없다면,
일체의 법장法藏 남김없이 깨달으리.

若順無住無緣諦　　卽守破暗三昧耶,
若離分別無所住　　一切法藏無餘見.

또한 물 위 물결의 무늬나, 허공 중에 붓으로 그리는 데서 물과
허공의 흔적을 어떻게 찾을 수 있겠는가 하는 이치와, 일체법이
본래 머무르지 아니하고, 본래 대상으로 취할 수 없다는 뛰어난
진리를 잘 깨닫고, 마음에서 한번 분별이 일어나면 곧바로 분별에
실질實質이 없어 자성이 없다는 것을 아는 것, 이것이 바로 수행이
다. 마찬가지로 한번 선의 생각이 일어나면 곧바로 이것도 모두
자성이 없다는 것을 안다. 이렇게 하여 수행한다면 그러한 독약이
변하여 제호(醍醐: 우유를 정제한 최상의 음료)가 될 것이며, 번뇌가
곧 보리菩提인지라 억지로 마음을 닦아서 교정矯正하려 하지 않으
며, 그러나 또한 마음이 산란해짐도 없이 자심을 수호한다. 능히
이와 같이 어디에도 머무르지 아니하고, 대상을 취하지 아니하며
[無緣], 임운하되 진심을 잘못 넘어서지 아니하는 것이 곧 손에
밝은 등불을 잡고 비추어서 흑암黑暗을 부수는 것과 같으니, 곧

이것이 능히 삼매를 잘 수호守護하는 것이다. 그리고 분별 집착하는 것이 어찌 삼매를 어긋나게 할 뿐이겠는가. 또한 일체의 교법에 수순하지 않는 것이 되는 것이다. 오직 분별 집착함을 영원히 떠나 마땅히 머무르는 바 없이 그 마음을 내어야 바야흐로 능히 삼장三藏의 일체 교의의 진제(眞諦: 眞理)를 남김없이 통견通見할 수 있다. 이를테면 다른 게송에서 다음과 같이 설한 바와 같다.

(마음 어떻게 하고자 하는) 경각심과 분별 집착 떠나고,
또한 마음 닦으려는 생각으로 자심 묶는 일 없이,
자심을 아무 소리 없이 있는 젖먹이 아기와 같이 하여,
상주하는 참마음 따라 주인이 되라.

離諸警覺與實執　　亦無修氣縛自心
自心無聲如乳嬰　　隨常住眞心作主

망념 일어나면 그 자성을 관하여
응당 물결과 다르지 않음을 알지니,
모든 분별 집착 떠나 변견邊見에[26] 머무르지 않으면

---

26 변견邊見이란 空見이나 有見, 斷見이나 常見, 一見이나 異見, 生見이나 滅見 등 中道에 어긋나 한쪽에 치우친 견해를 말한다. 중생의 모든 분별은 실은 邊見에 지나지 않는다. 이 邊見의 어느 한 쪽에 치우치지 아니함이 곧 中道이다.

96

곧바로 모든 교법의 뛰어난 뜻[27] 통견通見하리.

妄念起觀其自性　　應知水波本無異

離諸實執無住邊　　卽見諸法蘊勝義.

---

27 敎法의 뛰어난 뜻은 곧 一乘의 義이고 勝義諦이다.

만약 이 의義에 의거한다면 윤회 벗어나
능히 모든 죄의 업장 태워 제거할 것이니,
이것이 가르침의 대명등大明燈이라
이 의義를 닦지 않는다면 어리석은 자들이네.

若依此義脫輪回　　幷能燒除諸罪障,
此是敎內大明燈　　不修此義愚夫輩.

대수인에는 사유가四瑜伽, 즉 ①전주專注, ②이희離戱, ③일미一
味, ④무수無修의 4급이 있다.

　전주유가로서 입문하여 순서대로 나아가 이희유가를 닦으면
능히 일체의 분별과 변제(邊際: 邊見)를 떠날 수 있게 되어 상견과
단견 등 일체의 희론에 머무르지 아니하고 불경佛境을 통달하나
아직 구경은 아니다. 오직 제일 요의要義의 광명대수인의 무수無修
에 의하여야 만이 진심에 임운 안주할 수 있게 되며, 윤회의 감옥에
서 벗어나 보리에 계입(契入: 證入, 契合)한다. 만약 단지 한 찰나에
이러한 자리에 들더라도 또한 무시이래 쌓아 온 중죄도 모두
태워 없어진다. 만약 능히 철저하게 자성(진여: 常住하는 眞心)을
명견明見하면 곧 불도를 성취하는 것이니 결코 의심할 바 없는
것이다. 까닭에 이 광명대수인이야말로 진실로 교법 가운데 제일
요의의 가장 위대하며 밝은 등불이며, 이를 믿지 않는 자는 참으로
어리석은 사람이다.

저 항상 생사의 바다에 빠져 떠다니며,
아직 거친 고통 벗어나지 못한 어리석은 이들은
응당 저 연민하시는 스승께 의지하도록 하여야 하나니
스승의 가지加持를 얻어야 해탈할 수 있다네.

彼常漂溺生死流,　　未出穢苦之愚夫,
應哀憫彼令依師,　　得師加持而解脫.

어리석은 자가 믿음이 없어 항상 생사의 윤회에 빠져 나오지
못하는 것은 여기에 네 가지 원인이 있다. 첫째는 무명이요, 둘째는
삿된 지견이며, 셋째는 탐함이고, 넷째는 애착이다. 이 네 가지
원인이 있는 까닭에 생사에 빠져 항상 더러움에 물들고 고뇌에
빠져 벗어나는 길을 모른다. 이 때문에 틸로빠 조사께서 이들을
불쌍히 여기시어 대수인을 행하는 이들이 마땅히 동체대비심을
발하여 이들 어리석은 이들을 보면 반드시 광명대수인을 성취한
스승에게 귀의하도록 이끌게 하셨나니, 문(聞: 법문을 들음)으로
부터 사(思: 사유 正觀함)하고, 정성껏 닦는 것이 더욱 절실하게
중요하다. 그들이 스승을 불佛과 같고[如佛], 즉 불佛이라고[卽佛]
발심하여 경신敬信하고, 수순하는 마음으로 귀의하면 스승의 가지
력이 그 몸에 들어 올 수 있다. 가지력이 한번 그 몸에 들어오기만
하면 본각지(本覺智: 眞心)의 광명이 자동으로 나타나 해탈하여
보리를 성취할 수 있다.

분별 집착 떠난다면 이것이 견見의 왕이요,
산란함 없다면 이것이 수修의 왕이며,
작위와 구함이 없다면 이것이 행行의 왕이고,
머무름 없다면 곧 증과證果이네.
마음에 비친 대상 넘으면 심체心體 드러나고,
머무르는 바 없는 도가 곧 불도이며,
닦는 바의 경계 없으면 곧 보리이네.

若離執計是見王,　　若無散亂是修王,
若無作求是行王,　　若無所住卽證果.
越所緣境心體現,　　無所住道卽佛道,
無所修境卽菩提.

이상은 유가행자의 수행 요결을 바로 설한 것이다. 유가의 도에는
네 가지 요문이 있으니 곧 견見·수修·행行·과果이다. 견은 반드시
일체의 집착 분별을 초월하고 떠나야 비로소 진정한 견 중의
왕이 된다. 수修는 반드시 자심自心에 조금도 산란함이 없어야
비로소 진정한 수 중의 왕이 된다. 행은 반드시 진심에 안주하여
무착無着 무구無求하여야 비로소 진정한 행 중의 왕이 된다. 과도果
道를 말한다면 이것은 반드시 성인과 범부의 상하 열반 생사를
모두 능히 희구함이 없고, 머무르는 바가 없어야 진정한 無上의
수연불변(隨緣不變: 一心이 경계의 緣을 따르되 不變함)과 불연수연

(不變隨緣: 一心이 不變하되 경계의 緣을 따름)과 적이항조(寂而恒
照: 一心이 寂滅하되 항상 照함)와 조이항적(照而恒寂: 一心이 照하되
항상 寂滅함)함이 되어 모든 부처님과 동등해지는 것이며, 이렇게
되어야 과果이다.

　그리고 수도하는 자가 마음을 경계에 치달아 관하면 진여가
드러날 수 없으니, 반드시 교묘하게 잘 관觀을 떠나 관하며, 경계에
연함(緣에 끌림)을 떠나 연하고, 닦음을 떠나 닦아야 한다. 이것이
교묘하게 잘 관을 닦는 것이다. 또한 반드시 머무름 없이 머물러야
뛰어난 머무름이 된다. 감이 없이 가야 능히 뛰어나게 감이 된다.
이룸 없이 이루어야 원만한 이룸이 된다. 증證함 없이 증하여야
진실한 증이 된다. 반드시 이와 같이 하여야 비로소 대원만의
보리〔覺〕 불도가 되는 것이다.

세간법을 잘 깨달으라,

무상하고 꿈과 같으며 환과 같음을,

꿈과 환이란 본래 실체가 없다는 뜻이니,

이를 알면 마땅히 저 세간법 싫어하여 떠나게 되리.

모든 탐욕과 성냄의 윤회법 버리고,

산속의 동굴에 의지하여 지내며,

항상 무작無作과 임운의 경계에 머무르니,

대수인 증득한다는 것 또한 얻을 바 없네.

于世間法善了知,　　無常法如夢如幻,

夢幻實義本無有,　　知則當厭離于彼.

舍諸貪嗔輪回法,　　依于山則洞穴居,

恒住無作任運境,　　得大手印亦無得.

이에 틸로빠 조사께서 또 탄식하며 말하였다.

"오호라! 세간법은 무상無常하여 꿈과 같고 환幻과 같아 본래 실체가 없나니 모두 가명상假名相일 뿐이다. 지혜로운 이는 마땅히 이를 깨달아 싫어하고 떠나는 마음을 내어 탐심과 성내는 마음 등 윤회 고통의 인이 되는 것을 버리고, 저 산속의 바위 동굴에서 지내며, 경계 떠난 청정한 행을 닦아야 한다. 항상 작위함이 없는 데 머무르며, 본래의 명체(明體: 心體, 眞如)에 임운하여 머무르며, 본래 증득함이 없는 바를 증득하나니, 이것이 광명대수인이다."

비유컨대 저 큰 나무의 가지 천만으로 많으나
뿌리 단절되면 천만의 가지 모두 시들어지듯이
심의心意의 뿌리 끊으면 생사의 가지 또한 모두 시드네.
비유컨대 저 천겁 동안 쌓아진 어두움이라도
크고 밝은 등불 얻으면 어두움이 즉시에 사라지듯이,
이와 같이 자심自心의 찰나의 빛이
다겁의 무명 업장 단번에 제거하네.

譬彼大樹枝分可萬千,　　齊根倒斷萬千枝分萎,
斷心意根生死枝分亦全枯.　　譬彼千劫所集暗,
得大明炬暗立遣,　　如是自心刹那光,
多劫無明障頓除.

비유컨대 더 큰 나무의 가지가 무수히 많으나 그 뿌리를 베어
땅에 넘어뜨리면 가지가 모두 시들어진다. 심의心意의 허망한
뿌리 끊으면 일체의 생사 마치며, 혼암昏暗에 처해 있다 하더라도
한번 밝아짐에 모든 어두움 소멸되고, 찰나의 본각의 밝음 비춤에
다겁생 이래의 죄업 부수어진다. 비록 이러하나 더욱 중요한 것은
몸은 편안히 하여 수미산 같이 하고, 마음을 고요하고 맑게 하여
바깥 경계에 끌리지 않게 하면 어느 곳에서나 또한 항상 닦을
수 있다는 것이다. 편안한 곳에 있으면서 몸이 불안하고, 고요한
곳에 있으면서 몸이 고요하지 않으면 이것은 쓸데없는 일이다.

앉아서 눈을 크게 떠도 되고, 눈을 감아도 된다. 만약 마음이 아직 잘 안정되지 못하였다면 눈을 크게 뜨는 것도 잘못이고, 눈을 감는 것도 잘못이다. 임운하여 머무르며, 마음을 어떻게 수정修整하고자 하지 아니하되, 산란함과 무기無記의 상태를 어떻게든 수정하지 않는다면 이 또한 잘못이다. 참으로 능히 뛰어나고 묘하게 몸과 마음을 안정하게 하여 닦는다면 집에 머무르지 아니하고도 또한 수행할 수 있으며, 집에 머무르면서도 산란함을 면하지 못하면 이루어지는 것이 없다.

오호라! 유심有心의 법으로는 심心을 떠나는 뜻 얻을 수 없고,
유위의 법으로는 무위의 뜻 이를 수 없나니,
진실한 이심離心과 무위의 뜻 통달하고자 한다면
마음을 임운任運하여 밝은 본체에 안주하라.
분별의 더러운 물도 스스로 맑아지고,
수행을 장애하는 여러 경계도 또한 각기 스스로 공적空寂하게
되어,
취取하거나 버리는 마음 없는 가운데 광명 발하며 해탈하리.

噫嘻! 有心之法不得離心義,　有爲之法不得無爲趣,
欲達眞實離心無爲勝義趣,　任運持心安住明本體.
分別垢水自當返澄淸,　障修諸顯亦各自寂顯,
無取舍心光發而解脫.

앞 게송의 뜻을 이어 다시 보다 깊은 뜻을 드러낸 것이니, 이에
탄식하며 말하였다. 생멸하는 마음의 법으로는 마음의 경계를
넘어서는 뜻에 이를 수 없다. 작위가 있는 법으로는 무위無爲의
뜻에 이를 수 없다. 진실한 이심離心과 무위의 뜻에 이르고자
한다면 오직 마음을 임운하여 진심에 안주하고, 모든 얽매임과
전도망상을 떠나도록 하여야 한다. 이와 같이 저 더러운 물과
같은 망심의 분별을 어떻게 하고자 함이 없이 교란攪亂하지 아니하
면 스스로 맑아진다. 일체의 소리와 색 등의 법이 나타나 생긴

듯이 보여 도행道行을 장애하는 것도 또한 그대로 두어 분별하지
말 것이며, 또한 조금이라도 애증과 취하거나 버릴 수 없는 것이니
곧 도적이 텅 빈 집에 들어 온 것과 같아 스스로 형체가 공적하다.
이와 같이 분별 집착함이 없는 마음은 밝고 영묘靈妙하나니 일단
진심에 상주하면 밝게 빛이 발하여 해탈이 현전하리라.

본래 무생임을 깨달으면 무시 이래의 망습妄習의 때 청정해지고,

모든 분별 집착 떠나면 무생의 경지에 안주하여,

나타나 있는 모든 법이 곧 자심의 법임을 증득하네.

이변二邊을[28] 집착함에서 벗어나면 수승한 견왕見王도 얻고,

깊고 넓은 사량 넘어서면 수승한 수왕修王도 얻으며,

단변斷邊에서 떠나면 수승한 행왕行王 얻고,

능히 머무르는 바 없으면 가장 수승한 과果 얻네.

了本無生無始習垢淨,　　亡諸執計安住無生境,

凡所顯現卽是自心法.　　超脫邊執得殊勝見王,

超深廣量得殊勝修王,　　離斷邊品得殊勝行王,

能無所住得最殊勝果.

상주하는 진심은 무시 이래로 불생 불멸이며 더럽지도 아니하고, 청정하지도 아니하다. 드러난 바의 모든 것은 오직 이 마음일 뿐이며, 그 나타난 것을 보는 자도 또한 오직 이 마음일 뿐이다. 이 보는 자〔能見〕와 보이는 대상〔所見〕을 살펴보아도 그 체가 따로 있는 것이 아니어서〔無二〕 오직 하나로 공적하다. 본래 무생인지라 곧 나타난 그대로 공〔顯空〕이요, 색이 그대로 공〔色空〕이며, 명이 그대로 공〔明空〕이고, 쌍융雙融 무이無二의 광명대수인이

---

28 二邊(邊見): 有와 無, 一과 異, 常과 斷의 見 등 한 쪽에 치우친 잘못된 見을 말한다.

다. 이를 증득한 때가 바로 여래의 신상身相이며, 일체 무시 이래의 업과 습기의 오염이 한 번에 씻어져 공하게 된다. 까닭에 게송에서 이어 설하길, '모든 분별 집착 떠나면 본래의 무생의 경지에 안주한다.'고 하였다. 왜 그러한가? 무릇 나타난 것, 능견과 소견은 본래 이 일심의 법이니, 이미 그것이 본래 공적하여 무생임을 요지하였다면 선이라고 분별하거나 악이라고 분별하는 것, 옳다고 분별하거나 그르다고 분별하는 것, 혹은 사랑하고 혹은 증오하는 것, 혹은 취하고 혹은 버리는 것이 어찌 망妄으로써 망을 쫓아가는 것이 아니겠는가. 이를테면 물이 맑아지지 않았는데 다시 이를 어지럽게 움직이면 영원히 맑아질 수 없지 않겠는가.

이 까닭에 이 이치를 뚜렷이 알아서 닦으려 함도 없고〔不修〕, 마음을 어떻게 조정하려고도 하지 않아야 하며〔不整〕, 취하고자 함도 없고〔不取〕, 버림도 없어야 한다〔不捨〕. (이렇게 하여) 심체가 묘명妙明하게 되어서야 비로소 드러날 수 있다.

까닭에 게송에서 또 이어서 설하길, '능히 이와 같이 일체의 변견邊見에 집착하고 분별함에서 초탈한다면 곧 수승한 견見의 왕을 얻는다.'고 하였다. 이것이 견의 가장 요긴한 구결이다.

수지修持한다는 것은 또한 반드시 조금이라도 집착하거나 분별함이 없어야 하는 것이니, 이를테면 근본지根本智라거나 후득지後得智라거나, 진실한 수修라거나 진실하지 않는 수修라거나, 내지 이 법이라든가 저 법이라든가, 혹은 깊고 넓음이거나 혹은 깊거나 넓지 않음이라거나, 아울러 그 밖의 일체의 헤아리는 집착 분별을 조금이라도 하여서는 안 되는 것이다. 앞에서 설하길, '산란함이 없는 것, 이것이 수왕修王이다.'고 하였고, 여기에서는 다시 더 깊이 말하여 깊고 넓은 헤아림(분별함) 등을 넘어야 비로소 수승한 수修의 왕임을 명시하였다. 반드시 이러하여야 바야흐로 능히 산란함이 없게 된다.

또한 앞의 게송에서 설하길, '작위하고 구함이 없으면 이것이 행行의 왕이다.'고 하였고, 여기서는 다시 더 깊이 설하여, 단변斷邊의 견[斷見]을 떠나야 비로소 수승한 행의 왕을 얻을 수 있는 것임을 명시하였다. 단변의 견을 떠나서야 비로소 작위함이 없고 구함이 없는 정의正義를 얻게 되는 것이며, 그렇지 않으면 행자行者가 편공(偏空: 치우친 空)에 떨어질 염려가 있다. 머무르는 바 없는 도가 바로 불도이니 앞의 게송에서 또한 이미 이를 말하였고, 여기서는 이 요문에 보다 깊이 들어가는 법을 설하여 구경에 증과의 지地를 얻도록 하였다. 까닭에 마땅히 앞의 게송과 합하여 보도록 하여야 하며, 조사의 지극한 은혜의 뜻을 잘 알아야 한다.

행자行者가 처음 폭류와 같이 망념이 일어날 때에
유유히 흐르는 항하 가운데 있는 듯이 한가롭고 차분히 하면
후에는 잔잔한 평지의 물처럼 되어 자모子母의 광명이 함께 만나
빛을 발하리.

行者初得覺受如瀑流
中如恒河暢流而閑緩,
後如平水子母光明會.

이상의 삼구三句는 자성정自性定을 닦는 경계이다. 항하대수인은
상상근기上上根器의 행자行者를 위해 설한 것이고, 이 법문(위의
三句)은 상상의 근기가 아닌 자를 위해 방편의 문을 열어 설한
것이다. 훌륭한 지혜가 있는 근기의 행자가 처음 수지할 때에
망념이 어지러이 일어나 감수感受가 폭류와 같이 되면 비교적
아직 초보의 여러 행자들은 망념이 더욱 증대되고, 번뇌가 특히
성하게 되니, 이는 이전에 스스로 감지하지 못하였던 망념이 비로
소 인식되게 된 까닭이다. 이 때에는 마땅히 먼저 절념법切念法으로
닦고, 이어 종념법從念法으로 다스려야 한다.[29]

---

29 여기에서 말하는 切念法이란 끊임없이 이어지는 妄念의 상속이 더 이상
  이어지지 않도록 바로 現前의 當念에서 制止하는 것이다. 從念法은 강물의
  흐름에 따라 함께 흘러가듯, 妄念의 흐름에 그대로 맡겨서 함께 흘러가는
  것이니, 이때 그 妄念에 물들거나 머무름이 없어야 하고, 아울러 그 妄念을

잘 닦아서 이 단계를 거친 자가 제이보第二步로 나아가, 스스로 그 상념이 유유히 흐르는 항하(갠지스강)와 같다고 감지하면, 폭포와 같이 소용돌이치며 쏟아지던 상념이 크게 완화된다.(이것이 一心不亂의 경계가 되는 것이나 아직은 入定의 초보단계이고, 成佛과는 한참 거리가 멀다)

단지 아직은 (상념의) 파랑이 일어나고 멸함을 면하지 못하여 상념의 파랑이 일어나게 되는데, 이러하면 갖가지 수행구결을 교묘하게 잘 운용하여(이를테면 망념에 따라가지도 아니하고 制止하지도 아니하며, 取하지도 아니하고 버리지도 아니하는 것 등의 법) 정진 수지하면 바람이 잠잠해지니 파도가 잠잠해져 수면이 거울과 같은 경지에 이르게 되며, 마음이 절대의 안정에 이르게 된다. 그러나 아직 성불에 이른 것은 아니다. 이렇게 하여 정진 수지하면 오래지 않아 자子의 정광淨光이 빛을 발하며, 모母의 정광과 합하여져 하나가 되면서 곧 증득하게 되는 것이다. 이상의 수지하는 법은 그 요의가 무착(無著: 분별 집착하지 않음)과 무연(無緣: 대상으로 분별하지 않음, 대상으로 보는 것이 없음)하고, 무구(無求: 무엇을 얻고자 이루고자 함이 없음) 무작(無作: 마음을 어떻게 하고자 함이 없음)하여 오직 임운任運하며, 본래의 명明하고 청정하며

어떻게 제거하거나 制止하고자 함도 없이 하는 것이다. 즉 망념을 막지도 아니하고(不遮), 망념에 따라서 물들지도 않는 것이다(不順). 이 두 가지 법은 止觀 법문 가운데 止의 法으로 여러 경전에 설명되어 있고, 天台止觀 법문에 자세히 정리되어 있다.

묘한 자리에 안주하는 데 있다. 또한 어느 일정한 시간과 공간의
여건 및 사정에 국한됨이 없이 행주좌와行住坐臥 어느 때나 모두
수지할 수 있다.

열등한 지혜의 근기인 자로 아직 잘 안주함을 감당치 못한다면
명점明点과 기맥氣脈 등의 여러 요문을 익히는 것이 좋나니
여러 가지 방편수행으로 마음을 수지하여
명체明體에 임운하고 안주하도록 조절해 나가야 하네.

劣慧異生未堪善安住,   可于明点氣脉諸要門,

以多枝分方便攝持心,   調令任運安住于明體.

그러나 열등劣等한 지혜의 근기자로 아직 무연(無緣: 어떠한 對象에
向하거나 취하지 아니함) 무작(無作: 마음을 어떻게 하는 바가 없이
수행함)의 행으로 잘 안주할 수 없으면 혹은 목석으로 만든 불상을
대상으로 하거나 혹은 월륜月輪 위의 吽(hong ' 봉 ')자를 관하거나
명점明点 및 금강송金剛誦·보병기寶瓶氣 등의[30] 법에 의지하여 수

---

30 明点에는 두 가지가 있다. 하나는 불보살의 加持로 수행자가 보게 되는
  것이니 빛이 태양과 같고 開眼하여야 볼 수 있다. 하나는 수행자가 앞의
  加持 明点을 본받아 專一관상하는 것이다.
  金剛誦은 數·隨·止·觀·還·淨의 여섯 가지 行法을 말한다. 이를 六妙法門
  이라 하는데 중국의 天台智顗 대사는 이를 不定止觀이라 하고 대승교의를
  붙여서 보다 넓고 깊게 체계화 하였다. 不定止觀이라 하는 것은 이 여섯
  가지 행법을 높고 낮은 여러 차원에서 행할 수 있고, 어느 한 가지 행법에서
  다른 행법을 아울러 행하는 법인 까닭에 그렇게 지칭한 것이다(『六妙法門』).
  寶瓶氣는 修氣의 대표적인 행법이다. 호흡을 들이쉰 후 下丹田에 멈추고
  있다가 분출하는 행법으로 그 목적은 마음이 호흡을 떠나 독립하도록

지함으로써 마음을 전일專一안지安止케 하여 본각지本覺智의 광명
에 계입(契入: 證入)하도록 한다.

하기 위함이다. 즉 마음이 호흡과 서로 의지하고 따라 일어나니 마음을
호흡에서 자유로워지도록 하기 위함이다. 氣息이 멸하면 想念도 자연히
멈추게 되는 까닭이다.

만약 업인業印에 의지하여 공空·락樂·명明을 증장코자 한다면 반드시 복덕과 지혜를 함께 닦는 행의 가지加持가 있어야 한다는 것을 알아야 하네.

(菩提를) 정륜頂輪[31]으로부터 서서히 하강시키되 아래로 빠져나가지 않도록 하며,

(다시) 서서히 끌어올려 전신의 모든 륜輪에 두루 퍼지도록 하라.

若依業印增現空樂明,　　須知加持雙運之福智.

導自頂輪緩降不可泄,　　漸提令遍全身一切輪.

만약 특별히 감내할 수 있는 특이한 자질을 갖춘 자에게 난상暖相과[32] 공락空樂의 각수覺受를 증장시켜 주기 위해서라면 그 업인業印에 의거하여 이 방편, 즉 욕락정(欲樂定: 雙身法; 男女雙修)을 닦도록 하는데, 여러 대덕이 이에 대해 자주 말하길, 욕락정은 기공을 중심으로 하며, 사람을 선택하는데 매우 엄격히 해야 하고, 잘못되어 큰 환이 되는 일이 자주 일어나며, 수습하기에 쉽지 않다고 하였다.[33] 또한 조장助長하고 대치對治하는 법이 매우 많으며,

---

31 정수리에 있는 챠크라('사하스라르 차크라').

32 난상暖相이란, 解悟에서 證悟로 진전되는 가운데 햇빛에 의해 점차 따뜻해지듯이 조금씩 익어가며 법열이 젖어오는 것을 말한다.
　　聖位의 첫 단계인 보살초지에 이르기 전의 賢位인 四加行의 첫 번째 단계인 난지暖地이다.

반드시 이 법에 종사하여야 성불할 수 있는 것은 아니다. 조장하는 법 가운데 가장 큰 법은 죄를 참회하고 자량資糧을 쌓는 것 만한 것이 없는 까닭에 곧 복을 쌓고 죄장을 정화하는 것이다. 이것은 또한 금강살타와 스승의 합수법合修法을 힘써 행하지 않으면 공功이 되지 않는다. 이것은 근상根桑 조사께서『대원만선정휴식요문밀기大圓滿禪定休息要門密記』중에서 하신 경계의 말씀이다.

　업인業印은 광명대수인의 뛰어남·온당함과 같지 못하다. 이 업인이란 극히 어렵고 극히 험난한지라 반드시 따로 스승의 가르침에 따라야 하며, 여기서는 단지 간략히 대강만 말한다. 수행에 있어서 가장 요긴한 것은 반드시 여법하게 방편지혜의 가지加持가 있어야 한다는 것이니 내외에 요령과 금강저를 지니고(儀軌를 갖추고) 각기 본존을 작하여야 비로소 복혜쌍수福慧雙修를 감내할 수 있다. 더욱 중요한 것은 반드시 잘못을 범하지 않을 감내의 능력을 갖추고 보리를 정수리에서 하강시키며, 하강시키되 아래로 빠져나가지 않도록 하고, 또 반드시 다시 반대로 끌어서 올리며 전신에 퍼지게 하고, 각 륜(輪: 챠크라)과 각 맥(脈; Nadi)이 하나라도 잘못되게 하지 않아야 하며, 또한 반드시 절대로 탐착하지 않아야 한다. 그렇지 않으면 곧바로 추락하고 만다.

---

33 본문에 대한 邱陵의『詮釋』은 또 다음과 같이 부연설명하고 있다.
　"현대에 雙身法을 전하고 있는 자들은 반드시 旁門左道이며, 邪惡하고 음란한 자들이니 독자는 결코 배워서는 안 된다."

탐착 끊어 떠난 까닭에 공·락·명 바야흐로 드러나며,
검은 머리로 장수하고, 둥근 달과 같이 단엄한 모습으로
광채 발하며 힘을 크게 발함이 사자와 같네.
모두 속히 증득하여 뛰어난 성취에 안주하길 원하는 까닭에
이 대수인의 지극한 심요의 구결을 펴나니,
능히 이 법을 닦을 수 있는 중생은 항상 수지하길 바라노라!

絶離貪故空樂明方顯,　　　長命黑髮相飽如滿月,

光彩煥發力大如獅子.　　　願共速得安住勝成故,

此大手印極心要口訣,　　　且堪能種衆生恒受持.

능히 조금도 잘못됨이 없이 닦아서 공空·락樂·명明이 현전現前함
에 이르면 현세에 수명이 늘어 장수할 수 있고, 면모가 둥근 달과
같이 단엄하게 되며, 훌륭한 옥과 같이 윤기가 있게 되고, 노인에서
동자로 환원되며, 힘은 사자와 같이 커지고, 8종의 세간상의 성취
를 갖추게 되며, 점차 나아가 오래지 않아 공·락·명을 증득한다.
소위 공·락·명이란 곧 여여부동如如不動함이다.

추격삼요
결승법

椎擊三要訣勝法

해제

본 법문은 대선해공덕주大善解功德主 대사가 지었고, 근세 티베트 불교의 홍포에 큰 역할을 한 공갈상사(貢噶寧波: 多羅那它)가 전수한 것을 그 제자 석만공釋滿空이 한역漢譯하였으며, 장묘정張妙定 거사가 교정하였다. 앞에서 소개한 항하대수인과 같은 무수대수인(광명대수인)의 법문이다.

여기서 '추격椎擊'이란 '방망이로 친다'는 뜻이고, '삼요三要'는 견見·정定·행行을 말한다. 방망이로 내리치듯 핵심을 일깨워준다는 뜻으로, 원만하고 빠르며 극지(極地: 妙覺)에까지 이르게 하는 법을 삼요로 압축 정리한 심요법문이다.

이 법문은 대만 자유출판사에서 1979년에 출간한 『추격삼요결승법해』와 북경공업대학출판사에서 1991년에 출간한 『장밀수법정수藏密修法精粹』에 실려 있는데, 여기서는 전자의 원문을 신고, 양서에 수록된 해설은 앞의 여러 글에서 설명된 부분과 중복된 부분이 많아 일부분만 참조 인용하되, 상당부분 본 역자가 새로 해설을 하였다.

大善解功德主大師 原著　　貢噶法獅金剛上師 傳授
弟子 釋滿空 漢譯　　張妙定 校治

무비無比의 대비주大悲主이시며,
한량없는 은덕 갖추신 근본상사께 경례하옵니다.

敬禮無比大悲主　　具恩根本上師前.

근본상사根本上師란 밀법密法의 전자傳者인 상사上師이며, 불법승
삼보의 총집체이다.

견見의 종宗은 광대무량이며,

見宗廣大無有量

견의 종은 곧 일체법이 얻을 바 없음을 돈오(頓悟: 心悟)하여 능能과 소所를 떠나고, 일체의 분별을 떠난 평등성의 일심을 요지(了知: 깨달아 앎)한 것을 말한다. 이 이법[理趣]은 일체법을 원융회통하고, 광대무량하여 걸림 없고, 한량없는 법문을 다 갖춘다. 또한 본 법문의 초조 무구광존자의 별호가 광대무량이니 초조의 가르침이 바로 견요見要의 종宗임을 말하고 있다.

정定이란 지비智悲의 광명이고,

定卽智悲之光明

정정正定이란 견〔了知〕함으로 인한 지智가 비悲와 쌍용雙融됨,
즉 공비쌍용空悲雙融되어야 이루어진다. 그래서 대승경전에서는
공리空理의 지혜와 함께 자비심의 발로를 강조한다. 앞에 소개한
『대수인원문』에서 이르길

　　"참기 어려운 대비심大悲心이 멸하지 아니하고 끊임없이 일어
　　날 때에 체성인 공의 뜻이 적나라하게 나타나오니"

라 하였다. 공〔智〕과 비悲는 서로를 완숙하고 원만하게 해준다.
　　또한 본 법문의 제이조第二祖 명名이 지비광智悲光존자라 하니
그 이름으로써 정정正定의 뜻을 드러내었다.

행行은 곧 여래의 싹이라네.

行卽如來之苗芽

보살행의 원만 구족, 즉 행만行滿이 되어야 여래에 이르니 행은
곧 여래의 싹이다. 보살행 가운데 이미 여래의 싹이 움트고 자란다.
그 행의 요체는 앞에서 설한 견종見宗과 정정正定에 있고, 이를
여실하게 이어감이 곧 행이다.

　또한 본 법문의 제삼조第三祖 명이 무외불아無畏佛芽존자이니
그 이름으로써 무외의 행이 여래의 싹〔佛芽〕임을 드러내었다.

124

이와 같이 수지하여 수행하는 까닭에
바로 이 생에서 반드시 묘각을 증할 수 있고,
그렇지 못한다 하더라도 뛰어난 안심安心 얻을 수 있도다!

如是受持修行故　　卽生必能證妙覺
否亦心安阿拉拉(阿拉拉: 讚美의 뜻)

견종見宗은 광대하고 한량없으며,
이 추격삼요결은 모든 법문 남김없이 다 갖추었네.

見宗廣大無邊量　　椎擊三要訣扼盡

먼저 마음을 편안하게 하고, 마음을 억지로 제어하지도 아니하며,
아무렇게나 동하게 하지도 아니한 채로 망념을 떠나라.

最初令心坦然住　　不擒不縱離妄念

일체법이 무상無相이니 대상이 따로 없고, 유심唯心이고 일심一心
일 뿐이니 마음을 어떻게 할 바가 없다. 무엇을 얻을 바도 없다.
그 일심이 무상이니 마음이 마음을 보지 못하고, 마음이 마음을
알지 못한다. 이러한 견종을 깨달아 알았으니 좌선함에 바로 편안
함에 안주한다. 어떠한 마음을 제어하고 제거하려는 것은 이미

대상이 있게 되어 능(能: 인식주체)과 소(所: 인식대상)가 따로
없어 일심一心이라는 진리와 무상無相에 어긋난다. 본래 무상인데
무상인 것을 어찌 제어하려거나 붙잡아 어떻게 할 수 있겠는가.
그렇다고 경계 따라 분별 집착하며 동하고 염착되는 마음에 아무렇
게나 있는 것도 아니다. 앞의 『대수인원문』에서 '거스르지도 아니
하고[不逆] 아무렇게나 따르지도 아니한다[不順]'고 한 것과 같은
뜻이다. 이미 견종을 얻은 이상 일체법이 무상無相이고 얻을 바
없음을 안다. 그래서 그 마음을 제어하지도 아니하나 또한 흔들리
거나 염착함도 없다. 이렇게 하니 망념에서 온전히 떠나게 된다.
무상이라 하니 자칫 잘못하면 무상이라는 것을 마음속에 만들어서
여기에 집중하려고 하기 쉽다. 그렇게 하면 무상이라는 하나의
상을 작作한 것이 되고, 이 또한 망념이니 새로 망념을 하나 더
작하여 여기에 탐착하는 꼴이 되어 버려 더 큰 병이 된다. 무상이란
본래 무상이라는 것이니 무상임을 알면 되는 것이다. 여기에서
바로 언어도단言語道斷과 심행처멸心行處滅이 되는 것이다. 이렇
게 되어야 무상과 무념·유심·일심·진여의 뜻을 제대로 알고 실천
하는 것이 된다.

경계를 떠나되, 억지로 마음을 어떻게 하려 함이 없는 그대로에 그렇게 안주하라.

離境要閑頓時住

경계에 대한 분별집착을 떠나되, 마음을 억지로 어떻게 하려 함이 없어야 한다〔要閑〕. 본문 '돈시頓時'는 '단번에', '바로 그 때', '바로 (그 자리에) 그대로'의 뜻이다. 얻을 바 없고 어떻게 할 바 없는 그 자리에서 더 이상 다른 것을 돌아보거나 생각할 것도 없다. 그래서 돈시이다. 심행처멸이 자연히 이루어진다.

(망상의 흐름이 이어질 때는)
급박하게 마음으로 '비(呸: pei)'라고 외쳐라.

陡然斥心呼一'呸'

망상의 흐름이 밀려들며 이어질 때는 맹렬하고 급촉하게 '비(중국
발음으로는 pei)'라고 외친다. 이렇게 하면 망상의 흐름을 돈단頓斷
한다.

128

맹렬하고 날카롭게 '야마화!'의 경탄 소리 이어지고,
일체의 모든 경계가 사라진 자리에 오직 경탄만이 있네.

猛利續呼'也馬火'   一切皆無唯驚愕

모든 반연(攀緣: 대상에 끌림, 대상으로 잡아 당김)의 경계가 사라져
적나라하게 일심 본각이 증證되니 '와! 아!'하는 경탄의 탄성만이
나올 뿐이다. '야마화'는 곧 우리말에서 경탄어인 '와!' '아!'와
같다.

확 트여 무애無碍를 통달함에 경탄하며,
확 트여 통달한 경계는 말을 떠났네.

愕然洞達了無碍　　明徹通達無言說

반연의 대상이 사라졌으니 확 트여[明徹] 걸림 없게[無碍] 되고,
그 경계는 말을 떠났으며, 말로 나타낼 수 없다.

이것이 법신자성을 정증正證하는 법임을 마땅히 알라.

法身自性當認之.

이 법은 법신체성지法身體性智이며, 또한 일체의 희론을 떠난 견종(見宗: 正見의 근본)이다. 이 묘제妙諦를 요지了知하지 못하였다면 이제까지 아직 마음을 어떻게 함이 있는 행법과 유위의 견을 떠나지 못한 것이 된다. 어떠한 수행을 닦아 왔다 한들 법신자성을 정증正證하는 대원만도大圓滿道와는 천지의 차이이며, 무수無修의 광명륜光明輪을 증득할 수 없다. 까닭에 이 묘제妙諦를 요지하는 것이 가장 중요한 것임을 알아야 한다.

(여기까지) 본 법문의 제일요를 바로 설하였다.

直指本相第一要

여기까지의 뜻이 곧 본 추격삼요법의 첫 번째 요의要義이다. 즉 견종見宗이 근본이고 먼저 요지了知하지 않으면 안 되는 이유를 밝혔다. 견종을 아직 요지하지 못하였다면 비록 닦는다 하더라도 보임保任의 경계가 없게 된다. 견종을 얻고 나서야 자성의 지혜에 안주하여 다른 데서 구함이 없고, 또한 이전이나 지금 여기에서도 구할 바가 없게 된다.

또한 어떠한 마음이 일어나든 일체시에 항상 막거나 버림이 없네.
화내거나 탐욕과 고락의 어느 때나
항상이든 잠깐이든 어느 때나
앞의 견종에 따라 법신의 공용功用으로 인지하라.

復次起住皆適可　　嗔恚貪欲及苦樂
恒常及暫一切時　　舊識法身認知之

여기서부터는 제이요第二要인 정행定行이다. 견종을 증하였으니
마음이 하류河流와 같아 임운자연任運自然한다. 어떠한 마음이
일어나든 그것이 그대로 일심[法身]의 공용功用일 뿐이니 억지로
막거나 버리려고 하지 않는다.

　어떠한 망념이 일어나든 항상 견종의 오悟 그 일법에 의하여
대치하여야 한다. 각각의 망념에 따라 각각의 조복법調伏法으로
대치하고자 하여서는 안 된다. 견종이 모든 행법의 공용을 남김없
이 포괄하는 까닭이다.

금석今昔의 모광명母光明 자광명子光明이 하나로 융회融會함에
말을 떠난 자성의 경境에 안주하네.

今昔光明母子會　　住于無說自性境

모광명母光明이란 본체광명[本淨光明]이고, 자광명子光明이란 곧
자성[法身]의 외상外相이니 바로 망념과 번뇌 등 일체법이 깨달은
눈으로 보면 그대로 광명인 까닭이다. 실은 두 광명이 둘이 아니나
행도상行道上의 광명이라는 점에서 모광명과 구분하여 자광명이
라 하였고, 도정광道淨光이라 하였다. 즉 모광명은 체광명體光明이
고 자광명은 도광명道光明이다. 견종을 증득한 후의 행도行道에서
는 망념 번뇌 등 일체법이 자광명이 되어 모광명에 융회한다.
그 행도의 법은 틸로빠 조사가 설한 바의 육불법六不法이니 곧
'불상상不想像·불사려不思慮·불분별不分別·불선정[不(思從事)
禪定](禪定을 이루려 하거나 종사하지 않음)[34]·불회억不回憶·부
동념不動念이다.
　모자母子의 광명이 하나로 융회融會됨에 일체의 분별사량과
언설을 떠난 무설無說의 경境에 안주한다.

___
34 이렇게 하여야 진정한 선정이 이루어진다고 하였다.

수행 중에 드러나는 락樂과 명明의 경계 수시로 버려야 하나니
방편으로 반야자(般若字: ᨁ)를 (위에서 아래로) 맹렬히 떨어뜨
리는 법을 쓰라.

所現樂明數數除　猛施方便般若字

수행이 진전되는 가운데 락(樂: 喜樂愉快)과 명明 등의 상이 일어나
는데 이 또한 상이라 여기에 염착되어서는 안 된다. 그래서 그때그
때 수시로 이를 버려야 한다. 쉽게 버려지지 아니하고 스며들
때에는 방편능섭方便能攝의 'ᨁ'(음은 zha)와 반야능단般若能斷의
'ᨁ'(음은 pa) 두 자를 합성한 'ᨁ'자를 맹렬히 염하여 위에서
아래로 떨어뜨린다. 즉 탐착과 무엇을 하려고 힘쓰는 습관을 부수
는 것이다. 이 합성자가 곧 '비(呸: pei)'이며, 합성된 양 자모子母
가운데 하나는 음이 '파(帕: pa)'이고, 하나는 음이 '찰(扎: zha)'
이다.

출정시出定時이든 입정시入定時이든 차별 없이
상좌시上座時이든 하좌시下座時이든 차별 없이
항상 무별경無別境에 머무르라.

出定入定無差別
上座下座亦無別
恒久住於無別境

일심이고 유심인지라 무생이고 무상無相이며, 일체법이 불가득이
다. 이 견종(第一要)을 제이요인 정행定行에서 좌선 중이든 좌선을
마치고 난 때이든 항상 여일하고 여실하게 호지하여야 한다. 본문
의 무별경無別境은 곧 지금 그대로가 일심이고 유심이며 진리의
자리이니 따로 다른 것을 구하지 말라는 뜻이다. 지금 그대로에서
마음을 깨끗하게 하고자 하거나 망념을 제거한다고 하거나 무슨
경지를 얻고자 하거나 가지런히 한다고 하거나 고치려 한다거나
하는 것[修整]은 모두 앞의 견종에 모순되는 일이다. 일심이고
유심이며 무상이니, 마음을 어떻게 한다고 하는 것이 이미 잘못이
다. 마음이란 대상이 될 수 없는 것인데 어찌 마음을 어떻게 하거나
봄이 있을 수 있겠는가.

그러나 아직 견고한 깨달음 얻지 못한 때에는
반드시 소란스러운 곳을 떠나 부지런히 수행해야 하네.

然於未得堅固間　　須勤捨離喧鬧修

견고한 깨달음을 성취하여 번잡한 세속에서도 흔들림이 없고
염착染着됨이 없게 된다면 어디에 거처하든 상관없겠으나 아직
깨달음이 견고하지 못한 때에는 주변 환경에 흔들리고 물들여지기
쉽다. 이러한 단계에서는 한적하고 수행에 전념할 수 있는 곳에서
부지런히 행도行道하는 과정을 거쳐야 한다. 즉 보임保任의 과정이
필요하다. 특별한 상근기인 자를 제외하고는 보통 오랜 동안의
이러한 과정을 통하여 도과道果가 이루어진다.

또한 반드시 폐관閉關하여 오로지 행지行持하되
항상 어느 때 어느 곳에서나
모든 것이 그대로 오직 법신의 묘용이라는 견종을 여의지 말고
보임하라.
이 법보다 더 뛰어난 법이 없음을 결정코 믿으라.

且須閉關專行持　　恒及暫時一切處
保任唯一法身用　　決定信此無他勝

또 주변에 쉽게 끄달리거나 수행에 별다른 진전이 없을 때는
전혀 출입을 하지 아니하고 정진을 이어가는 소위 폐관閉關의
행을 한다. 이때에도 마찬가지로 오직 앞의 견종의 법, 즉 일체가
그대로 법신의 묘용임을 결정코 믿고 수지하여야 한다. 이 밖에
다른 법을 구하거나 의지하려고 함은 미국에 가는데 비행기 놔두고
자전거 구하는 격이다.

결정의 법일 뿐임을 굳건히 결정코 믿으라,
이것이 제이의 밀요의密要義이다.

一決定中堅決定　　是爲第二關要者

일체법이 무생인(생한 바 없는) 일체법이고, 일심이며 유심인 까닭
에 그대로가 결정決定의 법일 따름이다. 생한 바 없이 있으니
멸할 바도 없어 결정이다. 대상이 될 수 없어 일심이고 유심이다.
일심이고 유심이니 있다 할 바도 아니고, 없다 할 바도 아니니
결정이라 한다. 있다고 하면 무無를 전제로 함(의지함)이라 결정의
법이 될 수 없고, 무라고 하면 유有를 전제로 함(의지함)이라
결정의 법이 될 수 없다. 결정의 법이란 상대를 떠났다. 이 결정의
법을 결정코 믿어야 대원만 최상승의 법이 실현되는 것이다.
　여기까지가 제이요第二要인 정정定의 법이다.

탐애하고 성내며 기뻐하고 걱정하는

망념이 홀연히 다함없이 생기하는 때에

이미 생긴 망념〔舊識〕경계에서 이를 수정하려고 아니하되 이를

연속되게 하여서도 안 되나니

이것(망념)이 그대로 해탈의 법신임을 알라.

비유컨대 물속에 그려지는 그림과 같아

스스로 생겼다 스스로 멸함이 단절됨이 없이 이어져 있네.

是時貪嗔及喜憂　　妄念忽爾無盡者

舊識境中無連續　　知是解脫之法身

譬如水中之圖畫　　自起自滅續不斷

여기서부터는 제삼요인 行行이다.

　견종을 얻었다 하더라도 아직 정력定力이 미약하고, 해탈지혜의
도력이 없는 경우에는 갖가지 경계에 따라 즐거워하고 성내며,
걱정하고 들뜨는 망념이 홀연히 끝없이 일어난다. 이때에 이 망념
을 어떻게 제거하고자 하거나 수정하고자 하여서는 안 된다. 그렇
다고 망념이 증장되고 이어지도록 하여서도 안 된다. 오직 제일요
에서 말한 견종의 이법理法에 따라 여실히 이 망념이 바로 법신의
묘용임을 알면 된다. 법신이란 곧 일심이며, 일심이란 얻을 바
없음이다. 망념이 그대로 공적空寂하며, 공적함이 법신이다. 이를
알고 있는지라 망념을 제거하고자 하거나 수정하고자 함이 없고,

140

또한 망념에 염착됨이 없다. 견종의 뜻을 잘 알아야 한다. 물속에 손을 넣어 그림을 그리면 그려짐과 동시에 소멸하여 그림이 그려짐과 소멸함이 조금도 단절되어 있지 아니하여 이어져 있다[續不斷]. 망념도 또한 이와 같아 생기면서 멸함이 조금도 사이가 없다. 자기자멸自起自滅하여 조작造作이 없다. 그래서 '조작함이 없어 물물物物이 모두 대반열반이다.'고[35] 하였다. 생멸이 동시라 그대로가 적멸이다. 취함도 없고 버림도 없이 단지 임운할 뿐이다.

35 박건주 역주, 운주사 刊, 『능가사자기楞伽師資記』, 2001(초판), 2011(개정판), 弘忍선사의 章. 弘忍의 語錄 참조.

현행現行의 망념에서 명공明空의 자성 적나라하게 수용되니
일어난 망념이 법신의 묘용왕妙用王이라.

所現明空赤露食[36]　　所起法身妙用王

현행의 망념에서 바로 명공明空의 자성을 아는지라 일어난 망념이
법신의 묘용왕이다. 즉 망념에 의해서 법신의 묘용을 아는 것이다.
여기에서 명공의 자성이 수용된다.

　단지 궁극에는 망념과 (법신의) 묘용이라는 구분도 넘어서야
하고, 잊어야 한다. 구분이 있으면 마음이 아직 있게 되고, 마음이
아직 있으면 일체법이 일어난다. 그래서 분별을 떠남이 진여라
하였고(『능가경(대승입능가경)』), 마음을 잊음이 곧 진여이다.

---

36 여기서 '食'은 受用의 뜻이다.

아! 망념이 본래 청정함에 따를지니
현상現相에서 항상 일관되게 수지하라.

隨妄本淨阿拉拉[37]　　　現相與串習相同

망념이 본래 공적하고 적멸이라 청정하나니 바로 현상現相의 그 망념, 즉 당념當念에서 그러함을 여실히 일관하여 알고 가는 것이 행도行道의 요의要義이다. 이 현상의 망념을 떠나서 어디에 따로 수행할 자리가 있는 것이 아니고, 진리가 따로 있는 것이 아니다. 당념에서 바로 알아야 한다.

---

37 阿拉拉(alala)는 '아!' 하는 경탄의 語로 阿刺刺로도 쓴다.

이법理法을 해解한다는 것이 가장 뛰어나며 신묘한 요점이나니
이 해解가 없이 수행한다는 것은 모두 잘못된 길이네.

解法殊勝最妙要　　無此解修皆謬道

불교 수행의 근본은 신해행증信解行證이고, 선오후수先悟後修이
다. 선오는 곧 심오心悟이니 앞에서 말한 견종(無生, 一心의 理法)을
요지了知하는 것이다. 달마대사는 이입理入과 행입行入으로 수행
의 길을 밝혔거니와(『理入四行論』) 이입이 바로 이법을 요지了知하
여 들어감이다. 본 게송은 이 해解가 가장 뛰어나고 신묘한 불교수
행의 요점임을 강조하고 있다. 이러한 해오解悟가 갖추어지지
않았을 때는 실은 외도의 행과 별로 구별이 안 되는 수행을 하고
있는 셈이다. 『능가경』은 그러한 뜻을 세밀하게 밝히고 있다.[38]
또한 해오解悟가 없이 하는 수행은 선정에만 굳게 머물러 천계의
선정에 빠지거나 정법을 깨달은 것으로 착각하여 도인 행세하는
광선狂禪, 가는 길과 방향도 모르는 채 수행하는 흑암선黑暗禪이
된다.

---

38 박건주 역주, 『능가경 역주』, 운주사, 2010(초판), 2011(재판), 참조.

해解를 갖추니 무수無修의 법신 경계라,
해도解道를 바탕으로 한 견고한 선정이 제삼요일세.

具解無修法身境　　解道堅定第三要

이 해법解法의 도력이 없다면 여타의 고상한 견見을 얻거나 그
밖의 심심甚深한 수지修持를 행한다 하더라도 실은 이익 될 것이
없고, 번뇌의 뿌리를 제거하지 못하나니 진실한 도가 아니다.
자기자멸自起自滅하는 동념망상動念妄想이 그대로 적멸이고 공적
이라 대반열반이나니 모두 오직 현성現成의 진실정경眞實定境일
뿐이다. 이를 떠나 다른 곳에서 법을 구하는 것은 자성을 미란迷亂
하게 하는 것일 뿐 깨달음을 얻을 수 없다. 이와 같은 해법이
되어 있는가 되어 있지 않은가가 요의를 얻었는가 얻지 못하였는가
를 판별하는 기준이 된다. 그리고 이러한 해법이 전제되어야 퇴보
하거나 소멸함이 없는 금강삼매가 성취되는 것이니 이것이 제삼요
인 행도의 요의이다. 금강삼매란 삼매를 비롯한 일체법이 무생이
며 일심임을 깨달은 자리에 증입한 것이다. 그래서 대상으로서의
삼매를 성취한 것이 아니라 본래 삼매여서 삼매인 것, 아닌 것이
따로 없는 자리이며, 그래서 따로 멸할 바도 없는 것이다.

삼요三要의 견종見宗을 갖추는 것이
지비智悲를 융합한 정정을 이루는 것이네.

具三要之見宗者   溶合智悲之定者

이상의 삼요三要는 자성을 밝게 꿰뚫은 경지에서 모든 행을 총섭하
는 최극最極의 심요이며, 또한 즉정즉행卽定卽行의 요문要門이다.
이 심요에 의한다면 어느 때라도 적나라한 지혜성智慧性을 요오了
悟하며, 어느 때라도 자성지自性智의 견종見宗을 얻을 수 있다.
견見과 정정이 나누어 설해졌으나 실은 그 체가 하나이다. 또한
견見·정정·행行의 삼요를 하나하나 나누어 행함도 또한 가하다.
　전술한 바와 같이 원만하고 바른 선정은 지智와 비悲가 용융鎔融
된 것이어야 하고, 이 삼요는 이를 원만히 갖추게 해준다. 이
법은 모든 승(乘: 가르침)의 꼭대기이나니 왕이 행차할 때에 여러
권속이 따르며 시위侍衛하듯이 그 밖의 일체승(모든 가르침)이
수종隨從하며 받쳐주고 돕는다.

만법이 곧 진여이며,
진여가 곧 만법이네.

萬法卽眞如   眞如卽萬法

더 나아가 본래 청정한 자성의 반야 광명이 발현하면 정定에서
나온 반야의 공용功用이 더욱 성하게 되고 그 지혜가 광대하게
확 열리는 것이 여름날 폭류와 같다. 공성空性이 본래 머무는
자리에 대비大悲가 발현되고, 어느 곳에나 가림 없는 대비심大悲心
에 든다. 이 또한 법이 본래 그러함이다〔法爾然〕.

(이 三要의 行에) 불자의 일체행이 수반되며 합치되나니
삼세의 여래 비록 갖가지 법문 설하셨으나
이 삼요의 법보다 더 뛰어난 법은 없네.

隨契佛子一切行
三世如來雖聚議
較此無有他勝法

이와 같은 공성〔智〕과 대비大悲가 쌍운(雙運: 함께 살아 움직임)하
는 심요의 도를 통하여 증證이 이루어짐에 따라 그 밖의 육바라밀에
통섭되는 불자의 바다와 같이 한량없는 행이 하나하나 저절로
현행됨이 마치 해와 빛이 함께 함과 같다. 이와 같이 복덕과 자량資
糧이 합작되어 널리 이타利他의 행이 이루어짐으로써 진실한 견종
見宗이 원만히 성취되고, 무염無染의 적멸락이 수반된다. 여래께
서 설하신 모든 가르침 가운데 이보다 더 뛰어난 법은 없다.

자성이 그대로 (한량없는) 묘용 지닌 법신의 창고요,
지혜장智慧藏 가운데 최고의 보고장寶庫藏이라
다른 모든 정영精英의 법과도 다르니라.

自性妙用法身庫
智慧藏中寶庫藏
不同他石諸精英

바로 동념動念망상의 자성이 그대로 한량없는 묘용妙用 지닌 법신
法身의 창고이다. 또한 한량없는 지혜의 창고이며, 가장 뛰어난
보배 창고이다. 그 뜻은 앞에서 설명하였다.

승희금강勝喜金剛이 유촉하신 가르침이며,
세 가지로 전승된 심인이네.

勝喜金剛遺囑敎   三種傳承之心印

이 추격삼구椎擊三句의 의義는 화신化身 승희금강勝喜金剛께서 열
반시에 천공天空으로부터 상사上師 문수에게 게시하였고, 문수상
사는 곧바로 조심祖心에 계합하여 무이無二 무별無別의 요문을
인성印成하고 또 전승하였다.

　후에 이 법은 세 가지로 나누어져 전승되었다. 첫 번째는 이와
같은 방편요의의 묘요妙要를 요해한 변지법왕遍智法王 조사에게
일체가 본래 청정하다는 법문의 밀의密意, 그리고 묘각妙覺원만의
여래심인을 즉신현증卽身現證하는 법이 전승되었다. 두 번째는
변지법왕 조사가 지명무외주持明無畏洲 조사에게 지혜신을 시현
하여 지명持明을 표시함으로써 무외주 조사를 섭수攝受하고 전하
였다. 세 번째는 우리들이 은혜를 입은 근본상사께서 언어로 전한
방편으로써 법이法爾의 현량現量을 즉견卽見하는 법을 직지直指하
셨으니 곧 현재 머무르고 계시는 중생공덕주(衆生功德主: 大善解功
德主 祖師; 大德上師)이다.

심요의 법 전하나니 이를 잘 수지하라.

이 법은 진실한 심의深義이고 요체이며,

진실한 심어心語의 의義이고 핵심의 요의이나니

이 의義의 심요 가볍게 버리지 말고,

이 방편 누실漏失되지 않도록 조심하라!

付與心子記持之　　是誠深義與心腹

是誠心語義扼要　　義要不可輕棄之

愼勿漏失此方便

이 마지막 구에서 이 법은 요의要義 중의 요의이니 항상 자신 있게 이 법으로 수지하며 가볍게 여겨 버리거나 누실漏失되지 않도록 해야 함을 당부하고 있다. 지극히 소중한 법을 지키기 위해서는 자신부터 이를 부지런히 힘써 수지해야 할 것이고, 아울러 단절됨이 없이 계승되도록 해야 할 것이다.

대수인
돈입진지일결
요문

大手印頓入眞智一決
要門

해제

이 법문은 매우 짤막하지만 무수대수인의 핵심 요의가 설파되어
있어 항상 수지할 심요心要 법문으로서 지극히 좋은 법문이다.

저자가 누구인지는 기재되어 있지 않다. 근래 중국에서 출간된
유청평劉靑平 등 主編, 『밀종공수지요법密宗功修持要法』(陝西撮影
出版社, 1993)에 수록된 원문을 저본으로 하고 필자가 해설하였다.

모든 사념 짓지 않음
이것이 곧 법신의 선정이요,

意不思念諸法者　　即是法身之禪定

본래 법신(法身: 一心·本心·心體·眞如)은 사념思念함이 없다. 따라서 수행도 마땅히 그러한 법신의 성性에 따라야 한다. 그래서 사념을 짓지 않으면 그대로 법신의 선정禪定이다. 만약 작의(作意: 思慮)함이 있다면 이는 선정이 아니다.

명明과 공空이 불이不二인 이理를 깨달으면
이것이 곧 법신의 선정이며,

若了明空不二理   卽是法身之禪定

마음이 본래 공적空寂하니 모든 것을 밝게 비추어 비추지 않음이
없다. 그래서 공적한 체성은 허무가 아니어서 한량없는 밝은 공덕
을 갖추고 있다. 그 공적한 체성을 떠나서 밝은 공덕이 있는 것이
아니다. 그래서 불이不二이다. 깨달아서 밝게 아는 것이 진정한
선정이다. 아직 깨닫지 못하고 어떠한 상에 머물러 있는 선정은
진정한 선정이 아니다.

제법의 이취理趣 깨달으면
이것이 곧 법신의 선정이고,

若了諸法之理趣   卽是法身之禪定.

제법諸法의 이취理趣란 곧 무생이고 무상無相이며 불가득이고 불
생불멸이니, 이 제법의 이법〔法性〕을 깨달으면 바로 이것이 법신의
선정이다. 깨달아서 명료하게 알아야 멸함 없는 선정이 된다.
어떠한 법상法相에 머물러 있는 선정은 영원하지 못하다. 그 선정
이 생生한 것이었기 때문이다. 생이 있으면 멸이 있기 때문이다.
그러나 법신은 언제 생한 바가 없다. 그래서 법신의 선정은 멸함도
없다. 따로 취할 것이 없음이 진정한 선정이고, 법신의 선정이다.
깨달음〔頓悟〕이란 곧 번뇌이든 선정이든 열반이든 따로 얻을 바가
없음을 깨닫는 것이다. 그 자리가 바로 무생無生 여여如如한 법신法
身 선정禪定이다.

본래의 자심自心 능히 요달하면
이것이 곧 법신의 선정이며,

若能了達自本心   卽是法身之禪定

본래의 자심自心은 공적空寂하여 지知함도 없고, 견見함도 없다.
또한 무상이고, 본래 사념함이 없다. 일심이어서 따로 대상을
취할 수 없으니 당연히 무상이고 사념할 수 없는 것이다. 또한
마음은 대상이 아니니 볼 수도 없고 생각할 수도 없다. 무상이고
공적하여 언제 생한 바가 없다. 무생이니 무멸이다. 이러함을
밝게 깨달아 알면 그 자리가 바로 법신의 선정이다.

환화幻化의 경계境界에 따르지 않으면
이것이 대수인의 선정이고,

若不隨于幻化境　　是大手印之禪定

경계(境界: 對象)는 자심소현(自心所現: 自心이 나타난 것)이니
일심 밖에 따로 무엇이 있는 것이 아니다. 이미 경계로 보인다
함은 실재의 것이 아니라 환과 같고, 꿈과 같으며, 공화空花와
같다. 만약 경계가 대상이 아니라 일심 그대로임을 밝게 깨닫는다
면 그것은 더 이상 환이 아니고 꿈이 아니고, 공화가 아니다.
바로 그대로 일심이요 본각本覺일 뿐이다. 환화의 경계에 따르지
않는다 함은 바로 이를 깨달았으니 따르거나 취할 대상이 이미
아니다는 것이요, 그대로 일심이고 본각이어서 바로 대수인, 즉
결정決定의 선정이라는 것이다.

체성에도 끄달리지 않는다면
이것이 곧 대지大智의 선정이며,

若不緣于體性者   卽是大智之禪定

체성體性이란 곧 제법의 성품[法性], 진여, 일심, 본각을 말함이다.
그러나 이를 취할 대상으로 생각하여 얻고자 하거나 마음을 여기에
두면 이는 이미 법상(法相: 法塵)이 되어 버린다. 즉 인식의 대상이
되어 버려 한갓 환과 같고 꿈과 같은 것이 되어 버린다. 그래서
이러한 법상을 넘어서야 한다. 대승의 일승법문은 여기에 초점이
맞추어져 있다. 이러한 법상에 걸림 없고, 머무름 없으며 취하고자
함이 없고 마음 둠이 없음이 곧 대지大智이다. 그리하여 부동심이
되나니 곧 대지大智의 선정이다.

본래의 자심에서 수정修整하고자 함이 없는 것
이것이 곧 구생(俱生: 無始以來, 본래) 진지眞智의 선정이네.

于自本心不修整   卽是俱生眞智定.

본래의 자심 그대로가 무생의 진리, 일심의 리理, 무상의 리 그대로
임을 깨달았으니 바로 그 자리의 그 자심을 어떻게 달리 하거나
고치려 할 필요도 없고, 할 수도 없다. 그래서 마음을 일으킬
수 없다. 이것이 무념이다. 마음을 어떻게 하고자 함이 없음이다
[無修]. 구생俱生이란 무시이래로부터 있어 온 것을 말한다. 이러
한 무념무수의 행이야말로 무시이래, 즉 본래의 진지眞智의 선정
이다.

진여의 리理란 닦아지는 것이 아니나니
마땅히 자심을 어떻게 다스리고자 함이 없이 그대로 두어야 하네.

眞如之理無修治　　自心不整應縱放.

진여의 리理란 무상無相이고 대상이 아니나니 이를 어떻게 닦고 가지런히 하고, 조정할 바가 있겠는가. 위에서 말한 바와 같이 단지 그 마음 그대로 어떻게 하고자 함이 없이 그대로 둘 뿐이다〔無念無修〕.

162

이것을 떠나 따로 선정이 없고
이 외에 다시 더 뛰어난 선정이 없네.

離此別無有禪定　　此外更無超勝者.

진정한 선정이란 위와 같은 깨달음이 전제되어야 한다. 여리如理하
게 깨달아 알고 있으면 바로 최상의, 무상의 선정인 법신의 선정,
대지大智 진지眞智의 선정이 자동으로 이루어지는 것이다. 이
밖의 어떤 다른 류의 선정을 취하고자 함은 아직 불법의 구경의
대의를 모르는 것이다. 이 밖의 다른 선정은 상에 머무름이 있어
환과 같다. 선정이 환과 같음을 아는 단계를 여환정如幻定이라
하거니와 보살제팔지(不動地)에서 성취하고, 이를 뛰어 넘어 금강
유정金剛喩定과 금강삼매金剛三昧가 이루어지니 곧 보살제구지,
보살제십지, 등각을 거치며 이루어진다.[39] 금강삼매는 곧 선정도
환과 같아 따로 취할 바가 없음을 깨달아 아는 것이 전제되어
있다. 따로 취하거나 얻을 바가 없는 무생의 선정이 곧 금강삼매이
다. 무너지거나 부수어질 수 없고 멸함 또한 없는 선정이기에
금강에 비유하여 금강삼매라 한다.
　무생의 삼매이니 결정의 삼매요, 대수인 삼매이다. 이것이야말
로 진실하고 무상無相한 선정이니 이보다 더 뛰어난 선정은 없다.

─────────
39 이는 『능가경』과 『금강삼매경론』에 자세히 설명되어 있다.

대수인
돈입요문

大手印頓入要門

해제

이 법문은 매우 짤막하지만 무수대수인의 핵심 요의가 설파되어 있어 항상 수지할 심요心要 법문으로서 지극히 좋은 법문이다.

저자가 누구인지는 기재되어 있지 않다. 근래 중국에서 출간된 『밀종공수지요법密宗功修持要法』(陝西撮影出版社, 1993)에 수록된 원문을 저본으로 하고 필자가 해설하였다.

자성의 리理를 깨닫고자 하건대
위로는 정각正覺을 희구하지 아니하고
아래로는 윤회를 두려워 말라.

欲了自性之理者
上不忻求于正覺
下不疑怖于輪廻.

자성自性의 리理란 곧 법성이고 무생법인(無生의 眞理)이다.

　석가모니불이 영원한 해탈을 얻게 된 것은 무생의 진리를 깨달았기 때문이다. 대승의 요의는 공·무상無相·무원(無願: 無作)이니 무엇을 얻고자 함이나 이루고자 함이 없어야 한다. 바로 그 자리 그대로 원만히 무생의 진리가 구족되어 있으며, 불성에 조금도 어긋나 있지 않다. 무엇을 구하고자 하면 이미 그러한 자성의 리理, 무상의 리, 무생의 리에 어긋난다. 어긋난 채로 정과正果가 이루어질 수 없다. 지금 이 자리를 떠나서 다른 어떠한 것도 없다는 것을 알아야 한다. 그러하니 윤회의 세계를 꺼려하거나 두려워할 것이 없다. 윤회하는 자리 그대로 무생의 리, 무상의 리가 구족되어 있고, 윤회의 세계에서 무생의 리, 무상의 리를 보면 그 자리 그대로 불성임을 알게 된다. 옳게 보면 윤회의 세계 그대로 불국토이고, 그르게 보면 오탁악세이다.

　옳게 봄이란 어떠한 것인가. 바로 윤회의 세계가 대상이 아니고 그대로 자심임을 아는 것이다. 그대로 자심이니 자심이 바로 각覺이다. 각은 곧 신증身證이다. 머리로, 생각으로 인식되는 대상 경계가 아니라 내 몸과 함께 하는 일즉일체一卽一切 일체즉일一切卽一의 자리이다. 윤회의 세계를 인식의 대상으로 보는 것은 전도망상이다. 내 마음 밖에 따로 있는 것으로 여기는 것은 전도망상이다.

일체법이 평등하다는 리理에 서서
이집二執에 애씀을 응당 버려야 하네.

于一切法平等理   二執之勤應縱放.

일체법이 유심이고 무상이라, 번뇌와 열반 모두 그대로 평등하다. 진여라 하고 여여라 함은 일체법의 그러한 성품[法性]을 표현한 것이다. 이집二執이란 (人)아집과 법집을 말하니 (人)아집이란 아我나 타他를 있다고 보아 대상으로 인식하는 것이고, 법집法執이 란 번뇌·해탈·윤회·열반·공 등 모든 법상에 집착하는 것이다. 이 이집은 모두 분별에 의거한 것이니 평등하다는 리理를 밝게 알면 분별할 바 없고, 이집二執에 머무를 수 없다.

부사의함을 이름하여 지智라 하나니
이것이 곧 진실하고 원만한 적멸이라 하네.

不思議者說名智　　卽是眞實之具寂.

부사의不思議란 사념할 수 없음, 생각으로 알 수 없음, 식識의
경계를 뛰어넘어 있음을 말한다. 밀라레빠 존자는 그의 『십만송』
에서

  '일체법은 사량분별을 뛰어 넘어 있는 궁전이다〔越量宮〕.'

고 하였다.[40] 지智란 분별하여 아는 지식이 아니다. 식의 경계를
뛰어 넘어 있고, 사량분별을 뛰어 넘어 있는 것이다. 이러한 지智가
진실하고 원만한 적멸(열반)이다.

---

40 張澄基, 역주,『密勒日巴大師全集; 歌集上下』, 臺北, 慧炬出版社, 1980.

유有라고 하자니 실체가 없고
무無라고 하자니 멸하지 않았네.

若思其有則非實　　若思其無則非滅.

일체법을 있다고 한다면 그 실아實我가 있어야 할 것이나 인연화합
으로 생긴 것이라 그 아我가 없다. 없다고 한다면 멸滅하였어야
할 것이나 이런 저런 모습을 보이고 있다. 가유假有이기에 空이라
하고, 空이되 假有가 없지 않아 空이라 할 수도 없다. 空이어서
有가 假有이니 假有와 空이 不二이다. 유라 할 수도 없고 무라
할 수도 없으니 또한 부사의不思議이다. 부사의란 생각의 길과
언어의 길이 끊어졌다는 뜻이다(심행처멸, 언어도단).

유有이면서 무無인 것으로 보자니 유도 아니고 무도 아니라
일체는 이러하여 망忘임을 마땅히 깨달아 알아야 하리.

若思俱是則非二   一切是妄當了知.

구俱란 유와 무를 함께 인정함이다. 즉 유이면서 무인 것으로
보는 견이다. 그러나 이렇게 보자니 유는 유대로 부정되고, 무는
무대로 부정된다. 즉 유도 아니면서 무도 아니다. 이를 비구非俱라
고 한다. 이렇게 유·무·구(俱: 有而無)·비구(非俱: 非有而非無)를
사구四句라 하거니와 외도의 견은 이 네 가지 중에 어느 한 가지에
속해 있다. 또는 일一인가 이異인가의 문제, 생生인가 멸滅인가의
문제, 상常인가 단斷인가의 문제에 있어서의 사구도 마찬가지
이다.

　　그러나 불법의 요의는 이 사구四句 모두 본래의 실상을 나타내지
못한다는 것이다. 중생이 사의(思議: 分別思量)하였다 하면 이
사구 가운데 어느 한 가지에 들어가니 곧 망념임을 잘 깨달아
알아야 한다는 것이다.

　　실상은 부사의라, 이 사구의 분별을 넘어서 있다.

우대수인
십이종실도
요문

于大手印十二種失道
要門

해제

이 법문은 매우 짤막하지만 무수대수인의 핵심 요의가 설파되어 있어 항상 수지할 심요心要 법문으로서 지극히 좋은 법문이다.

저자가 누구인지는 기재되어 있지 않다. 근래 중국에서 출간된 『밀종공수지요법密宗功修持要法』(陝西撮影出版社, 1993)에 수록된 원문을 저본으로 하고 필자가 해설하였다.

대수인을 행함에 경계해야 할 12종의 실도失道 요문

덕왕상사德王上師 등께 경례합니다.

　대수인을 행함에 (경계해야 할) 12가지의 실도失道 사항이 있다.

　하나: 견해의 실도失道이니 여기에 세 가지가 있다.

　①명明이 충만되기를 즐겨 구함이니, 이러하면 그 (見의) 도를 잃는다.
　②윤회를 의심하고 두려워함이니, 이러하면 그 (見의) 도를 잃는다.
　③일체법이 평등하다는 이법에서 둘이다(다르다)는 해解를 일으키면 그 (見의) 도를 잃는다.

　둘: 정定의 실도失道에 세 가지가 있다.

　①맑은 정의 맛에 집착함이니, 이러하면 그 (定의) 도를 잃는다.
　②귀감이 되는 지혜법문에 대해 담설談說함이니,[41] 이러하면

그 (定의) 도를 잃는다.

③망념妄念을 증오함이니, 그러하면 그 (定의) 도를 잃는다.

셋: 행行의 실도失道에 세 가지가 있다.

①깨달은 사람이 아직 깨달은 행을 하지 못한다면 그 (行의) 도를 잃는다.

②아직 깨닫지 못한 사람이 깨달은 행을 하면 그 (行의) 도를 잃는다.

③취함과 버림의 두 가지 상을 행하면 그 (行의) 도를 잃는다.

넷: 과果의 실도에 세 가지가 있다.

①윤회가 곧 원적圓寂임을 깨닫지 못한다면 그 (果의) 도를 잃는다.

---

41 지혜법문을 談說함은 定에 방해가 된다. 특히 담론으로 따지는 것은 더욱 그러하다. 아직 완전한 삼매를 이루지 못한 상태에서는 담화한 여파가 이어지며 定에 위배된다. 그러나 언제나 지혜법문을 말하지 말라는 것은 아니다. 지혜법문을 설함으로써 理法의 이해가 밝아져 正定을 이루는데 큰 도움이 될 수 있다. 아직 명확한 견해가 서지 못하였을 때는 지혜법문에 대한 담론이 큰 도움이 된다. 단지 삼매를 이룸에는 默言行이 필요하다. 물론 그 기간은 개인에 따라 천차만별이다. 법을 설함도 뜻이 있고, 설하지 않음도 뜻이 있다.

178

②오독五毒번뇌가 곧 오지五智임을 깨닫지 못하면 그 (果의) 도를 잃는다.

③자심이 바로 불佛임을 깨닫지 못하면 그 (果의) 도를 잃는다.

敬禮德王上師等.

于大手印有十二種失道: 一, 見解失道有三: 一忻求明滿, 則失其道. 二疑怖輪回, 則失其道. 三于一切法平等之理, 若起二解, 則失其道. 二, 定之失道有三: 一味着湛定, 則失其道. 二談說鑑慧, 則失其道. 三憎惡妄念, 則失其道. 三, 行之失道有三: 一了悟之人行未悟行, 則失其道. 二未了悟人, 行了悟行, 則失其道. 三若行取捨二種之相, 則失其道. 四, 果之失道有三: 一不了輪回, 卽是圓寂, 則失其道. 二不了五毒煩惱卽是五智, 則失其道. 三若不了解自心卽佛, 則失其道也.

밀라레빠
존자의 4종
대수인법문

이 법문은 밀라레빠 존자의 『십만송』(張澄基 譯註, 『密勒日巴大師全集』 慧炬出版社, 1980) 가운데 일부로, 필자가 해설을 덧붙였다. 앞의 법요들과 일맥 상통하는 내용으로 대수인심법의 이해를 한층 더 심화시켜 줄 것이다.

밀라레빠 존자는 깨달음의 경지〔悟境〕가 점차 이루어지는가〔漸〕 단박에 이루어지는가〔頓〕에 대한 질문에 대해 다음과 같이 답하고 있다.

❀

상근이기上根利器의 사람은 이러한 오경悟境이 단박에 생기나 중근기와 하근기는 네 가지 대수인유가에 의해 점차로 생긴다.
······ (중략) ······
지존 상사上師의 족하足下에 정례하옵니다.
마음에 집착함이 실은 윤회의 인因이나니,
자심自心에서 명명을 알았으나 그 자심의 명체明體에 집착하지 아니하고,
본래 원성圓成임을 명확히 깨달아 아나니
이것이 〈전일대수인專一大手印〉의 구경상究竟相이네.

上根利器[42]的人，這些悟境頓然生起．中根和下根 者則有四種瑜

伽 次第生起.

…… (中略) ……

頂禮至尊上師足.

執心實有輪廻因　　明而無執自明體

本來圓成確了知　　此是專一究竟相

밀라레빠 존자의 『십만송』에서 '유가瑜伽'는 곧 대수인을 말한다.[43]

　여기서 말하는 4종 유가는 여타의 전적에서는 거의 모두 4종대수인으로 되어 있다.

　명明이라 함은 『대수인원문』에서 나온 명공불이明空不二에서의 명이고, 명체明體는 곧 『대수인원문』에서 말한 체성이다.

　　　　　　　　　🪷

입으로는 (性과 相의) 쌍융雙融을 설하나 닦는 상이 있고,

입으로는 인과를 설하나 악행을 지으며,

번뇌와 우매함, 어리석음으로 눈먼 수련을 하는 이들은

바로 이 〈전일대수인專─大手印〉으로 이러한 잘못을 면할 수 있다.

口說雙融修有相　　口說因果作惡行

---

42 높고 날카로운 根器.

43 티베트 大手印법문에서 大手印은 瑜伽大手印 또는 瑜伽로도 칭해지고 있다.

煩惱愚癡盲修鍊　　〈專一瑜伽〉無此失.

성性과 상相은 바닷물[性]과 파도[相]와 같아 따로 따로 있는
것이 아니니 쌍융되어 있음이다. 닦는 상이 있다면 이는 성에
위배되니 인과 과가 달라 증과하지 못한다. 이러한 행은 곧 눈먼
수련이다.

뚜렷이 밝아 집착 떠난 자심은
모든 희론 떠나 대락大樂 갖추고
체는 허공과 같아 극히 명랑明朗하나니,
이것이 〈이희대수인離戲大手印〉의 구경상이다.

明而無執之自心　　離諸戲論具大樂
體如虛空極明朗　　此是離戲究竟相.

본래의 자심은 공적하고 밝아 집착을 떠나 있다. 또한 공적하고
무상하여 지知함도 없고 견見함도 없어 모든 희론 떠나 있고,
공적한 가운데 대락大樂이 넘친다. 그래서 그 체體가 허공과 같이
극히 명랑明朗하다.

입으로는 희론 떠났다 하나 마음에 갈등은 많고,

입으로는 언설 떠났다 하나 말이 끊어지지 않으며,

우매하게 아집에 젖어 관을 닦는 이들은

바로 이 〈이희대수인離戱大手印〉으로 이러한 잘못을 넘어설 수
있다.

口云離戱葛藤多　　口說離言話不絶

愚蒙執我而修觀　　〈離戱瑜伽〉無此失.

본래 자심自心이 공적空寂하고 무상無相하여 지知함도 없고, 견見
함도 없음을 안다면, 또한 지금 그 자리의 자심自心 외에 어떠한
다른 것도 없음을 안다면, 당연히 언어도단이요, 심행처멸이다.
이러함을 여실하고 분명히 알아야 마음의 갈등과 언설을 넘어
선다.

현상과 공이 불이不二한 법신이라

윤회와 열반이 일미一味임을 깨달을 수 있고,

불타와 중생이 일미로 합융合融되나니,

바로 이것이 〈일미대수인一味大手印〉의 구경상이다.

於現空無二之法身　　得輪涅一味之覺受
佛陀衆生融一味　　紛云此是一味相.

인연화합으로 생한 유有인지라 실체가 없어 어떠한 아我가 생한 바 없다〔無生〕. 이를 공이라 하거니와 공은 곧 유를 떠나 있지 아니하여 현상〔有〕과 공은 불이不二이고, 그 불이不二임이 곧 법신이다. 그래서 윤회와 열반이 일미一味이고, 불타와 중생이 일미에 융融된다. 여러 가지로 말하나 실은 다 같은 일미에 녹아 있음이다.

❀

비록 일미를 설하나 이리저리 분별은 많으니,
이는 어리석고 또 어리석은 일이라,
이러한 이들은 바로 이 〈일미대수인一味大手印〉을 통하여 그러한 잘못을 떠날 수 있다.

雖說一味分別多　　愚癡之中又愚癡
『一味瑜伽』無此失

일체가 일미一味이거니 어떻게 분별할 수 있겠는가. 일미임을 명료하게 깨달아 앎으로서 모든 분별 넘어설 수 있다.

망념이 바로 그대로 지혜의 체이며,
본래 원성圓成이라 인이 곧 과이고,
삼신三身이 본래 자신에게 구족되어 있나니,
이것이 〈무수대수인無修大手印〉의 구경상이다.

妄念卽是智慧體　　本來圓成因卽果
三身自己本具足　　此是無修究竟相.

망념妄念이 인식의 대상이 아닐 때 그대로 각覺이고, 지혜의 체體이
다. 본래의 자심自心이 그대로 불성이고 진여인지라 자심의 인因이
그대로 불과佛果이다. 삼신(三身: 법신·보신·화신) 또한 본래 구족
한지라 무엇을 닦아 무엇을 얻고 이룬다 함이 있겠는가. 그래서
무수대수인無修大手印이다.

입으로는 무수無修라 말하면서도 여전히 작의作意함이 있고,
입으로는 광명光明을 말하면서도 우매한 수행을 이어가며,
우매하고 망막하여 어지러이 무지한 말을 지껄이는 이들은,
바로 이 〈무수대수인無修大手印〉에 의해 그러한 잘못을 넘어설
수 있다.

口說無修仍作意   口說光明修愚癡
愚茫無知亂瞎說   『無修瑜伽』無此失.

무수無修의 도리를 알고 있어도 아차 하면 자신도 모르게 마음을
어떻게 하려고 함이 있게 된다. 이를 잘 알아채어 무수無修의
도리에 어긋나지 않도록 해야 한다.

밀라레빠
존자의
게송 4수

앞의 『밀라레빠密勒日巴대사전집』에 실린 장징기 한역漢譯의 『십만송』에서 발췌한 것으로, 이 4수首의 게송은 연이은 내용이 아니고 별개로 떨어져 있다.

🪷

심성心性이 본래 무생無生임을
어떤 비유로도 나타내기 어려운데
심성이 본래 무멸無滅임을
아직 깨닫지 못한 자 위한 비유 많기도 하여라!
이미 심성 깨달은 이에게
실체를 비유하여 말할 필요 없나니!
언어의 길 끊어지고, 마음 갈 바 멸하였는데
진리의 가르침 전승되고 가지加持됨이 신묘하고 신묘하여라!

心性本來無生者　　任何比喩難表述
心性本來無滅者　　未悟之人比喩多!
已悟之人於心性　　比喩實體均不說!
言語道斷心行滅　　傳承加持甚奇哉!

🪷

역사譯師 마르빠 존자께[44] 경례하나이다.

내가 타향에서 수행하던 때에

무생無生의 가르침에 의해 정정과 해解 얻었네.

금생과 내생의 두 집착을

이미 모두 단절하여 청정 얻었고,

육도 윤회의 경계에서 해탈하였네.

생사의 결박 절단한 까닭에

모든 법의 평등성 꿰뚫어 증득하고,

고락의 두 가지 집착에서 청정 얻었으며,

허가虛假한 식식識의 감수感受에서 해탈하였네.

취取와 사捨의 이집二執 절단한 까닭에

모든 법이 무별無別인 경계에 계합하였고,

윤회와 열반의 이집二執에서 모두 청정하게 되었으며,

수도修道의 환행幻行에서 해탈하였네.[45]

이미 무엇을 이루고자 희구함과 두려움에서 떠났고,

---

44 마르빠 존자는 곧 밀라레빠 존자의 스승이다. 이 분을 譯師라 하는 것은 인도에 3차례 왕복하면서 많은 경전을 가져와 티베트어로 번역하였기 때문이다.

45 본문 道地는 證果 이전의 行道 修道 修行을 말한다. 이것이 幻行이라 함은 본래 如如한 마음은 언제 미혹된 바가 없었는지라 실은 무엇을 닦아 이룬다는 것도 幻과 같은 일인 까닭이다. 언제 미혹에 떨어진 바가 없었으니 열반도 따로 없고, 열반을 이룸도 따로 없다.

모든 의심 영원히 끊어 마음이 안락하도다.

敬禮譯師馬爾巴,	我於他鄉修行時,	於無生法得定解.
今生來生二執着,	皆已斷除得清淨,	於六道境得解脫.
切斷生死繩縛故,	徹證諸法平等性,	苦樂二執得清淨,
虛假識受得解脫.	斬斷取捨二執故,	我契諸法無別境,
輪涅二執皆清淨,	道地幻行得解脫.	已離希冀與怖畏,
永斷諸疑心安樂.		

❀

마음을 정돈하여 다스리고자 함이 없이[46] 단지 크게 유유하며
드넓게 열린 마음에서
두루 원만한 깨달음의 경계[47] 나오나니
이것이 수행의 '근根'인因이네.
마음을 정돈하여 다스리고자 함이 없이 성성하게 깨어 있는 데서
광명의 깨달음 경계 나오나니

---

[46] 지금 當念이 어떤 妄念이든 그 妄念을 제거하고자 하거나 고쳐서 다르게 하고자 함은 또 하나의 망념을 증장시키는 것이 된다. 본래 妄念이 空寂하고 寂滅하여 無生이고 얻을 바 없는 것이며, 바로 법신의 妙用임을 알진대 이를 어떻게 整治하겠는가. 단지 망념이 바로 위와 같음을 如實히 알 뿐이다. 이에 대해서는 앞의 여러 법문에서 누차 반복하여 설명되었다.

[47] 원문 覺受는 다른 곳에서는 감각에 의한 느낌을 가리키는 경우가 많으나 여기서는 깨달음 또는 진리를 證함에 따른 경지 또는 그 경계를 말한다.

이것이 수행의 '도道'상相이다.

마음을 정돈하여 다스리고자 함이 없이 법이法爾의

성에 안주하는 데서

현량現量의 대수인 나오나니

이것이 수행의 '과果'덕德이네.

이 세 가지 깨달음의 경계 나는 모두 갖추었다.

無有整治大寬廣,　　能生遍滿之覺受,

此爲修行之'根'因.　　無有整治惺惺去,

出生光明之覺受,　　此爲修行之'道'相.

無有整治法爾性,　　出生現量大手印,

此爲修行之'果'德.　　此三覺受我全具.

❀

'견見'이 쌍융雙融에 계합하면 마음이 환희하고,

'수修'가 쌍융에 계합하면 마음은 즐거워지며

'행行'이 쌍융에 계합하면 마음이 작약雀躍하나니,

이 세 가지 쌍운雙運 매우 기묘하여라!

'견'이 쌍융에 이르지 못하면

어찌 세간이 곧 법신임을 알 것인가?

'수'가 쌍융에 나아가지 못한다면

어찌 고통이 장엄을 이룰 수 있겠는가?

'행'이 쌍융에 계합하지 못한다면
어찌 탐욕이 스스로 청정해질 수 있겠는가?
육도에 윤회하는 유정중생과
출세간의 열반 묘지妙智
이 두 가지는 차별이 없어 체성이 같나니
'見'의 쌍융은 바로 이러함을 알아야 하리.
갖가지로 보이는 사물들과
법계체성지法界體性智는
본래 차별이 없어 동일한 법신이나니
'수修'의 쌍융은 바로 이러함을 알아야 하리.
저 물 속의 달과 같이 일체의 모든 것들은
무지개와 같이 잡거나 만질 수 없음이
저 등불이 극히 밝게 빛나는 것과 같나니
'행行'의 쌍융이 바로 이러함을 알아야 하리.
이 법을 중생이 모두 구족하고 있나니
세 가지 쌍융이 이러함을 알라.
일체가 무이無二임을 알아야 뛰어난 '견見'이며,
산란함이 없어야 뛰어난 '수修'이고,
쌍운 합일함이 뛰어난 '행行'이나니
이 세 가지가 별개의 것이 아니게 됨이 곧 뛰어난
'과果'이니라.

'見'契雙融心歡喜,　　'修'契雙融心樂然,

'行'契雙融意雀躍,　　此三雙運甚奇哉!

見若不能達雙融,　　豈知世間卽法身?

修若不能趣雙融,　　苦痛豈能成莊嚴?

行若不能契雙融,　　貪慾豈能自清淨?

輪廻六道衆有情,　　涅槃出世之妙智,

二無差別體性一,　　'見'之雙融應如是.

種種顯現陰陽物,　　以及法界體性智,

本無差別同法身,　　'修'之雙融應如是.

如彼水月遍一切,　　不可捉摸似虹彩,

如彼燈光極明耀,　　'行'之雙融應如是.

此法衆生皆具足,　　三種雙融如是知.

一切無二乃勝見,　　無有散亂是勝修,

雙運合一爲勝行,　　此三無別卽勝果.

독송용
대수인
원문

상사上師·본존本尊과 만다라의 여러 성중님들,
시방삼세 제불諸佛과 불자님들이시여!
저와 모든 이들의 발원을 비념悲念하시어,
뜻대로 성취할 수 있도록 부디 가지加持하여
도와주소서.

나와 한량없는 모든 유정有情중생들이
마음의 청정한 업으로 삼륜의 더러운 몸 떠나
저 설산의 계곡에서 흐르는 맑은 시냇물같이
모두 사신四身의 불해佛海에 들어가길 원하옵니다.

이와 같은 과위果位를 얻지 못하더라도
모든 생생 세세 중에
죄업과 고뇌 멀리 떠나
언제나 선락善樂의 법해法海 수용하길 원하옵니다.

믿음과 지혜·정진·수행할 수 있는 여가 갖추고,
선지식을 만나 심요 구수口授받으며,
법대로 수지하고 가로막는 장애 멀리 여의어
세세생생 법락 받길 원하옵니다.

청문聽聞과 성리량聖理量으로 무지장無知障에서 해탈하고,
구수口授받은 것을 사유하여 모든 의문 영원히 멸하며,
닦고 닦아 광명 발하고, 있는 그대로 실상 증득하여
세 가지 지혜가 발현하고, 증장되길 원하옵니다.

단斷·상常의 이변二邊 떠난 중도 묘유의 이제二諦를
근본으로 삼고
증·감의 이변을 떠난 뛰어난 도를 자량으로 삼아
윤회와 열반의 이변을 떠난 이리二利의 뛰어난 증과 얻도록
언제나 어긋나지 않는 법 만나기를 원하옵니다.

명정明淨과 공이 함께 살아 움직이는 체성이오니
금강유가대수인金剛瑜伽大手印으로
미혹하고 산란한 모든 더러움 홀연히 청정케 하여
더러움 떠난 정과淨果의 법신 증득하길 원하옵니다.

체에서 모든 증익增益 떠난 것이 정견定見이오며
바로 거기에서 잘 지켜 흩어지지 않음이 수행의 요체라,
모든 수행 가운데 이것이 가장 뛰어난 것이니
언제나 견見·행行·수修 삼요三要 구족하길 원하옵니다.

일체의 모든 법은 마음이 나타난 것이오며,

마음이 본래 무심하여, 마음의 체성이 공이라,
공하니 멸도 없고, 나타내지 않음도 없으니,
체를 잘 관찰하여 정견定見 얻기를 원하옵니다.

본래 일찍이 있었던 것이 아니고,
자심소현自心所現인데 미혹하여 경계로 삼고,
무명으로 인해 견분見分을 나라고 집착하여,
이 두 가지 집착으로 여러 가지 존재로서 유전하오니
미혹과 산란함의 근원인 무명 끊길 원하옵니다.

일체는 비유非有이며, 또한 제불을 견견함도 없으나
윤회와 열반 등 일체의 근인根因이 없는 것도 아니어서,
위違도 아니요, 순順도 아니되, 둘이 그대로 살아 움직이는
중도관으로서
분별 떠나 심체의 법성 증득하길 원하옵니다.

이렇게 말하여도 나타내기 어려우며,
이렇지 않다 하여도 또한 부정하기 어려우니,
이것은 의식을 떠난 법성의 무위라,
구경의 정의正義 체득하여 결정 얻기를 원하옵니다.

이를 모르기에 윤회의 바다에 유전하오며,

202

이 법성의 증득 떠나 따로 불타가 있는 것 아니고,
일체는 이것이든 이것이 아니든 모두 있는 것이
아니오니,
법성과 일체의 근본 요의 증득하길 원하옵니다.

나타난 것은 마음, 공이란 것도 마음,
밝게 통달함도 마음, 미란迷亂도 마음이며,
생도 마음, 멸도 마음이라,
일체의 더하고 덜함이 모두 마음임을 체득하길
원하옵니다.

억지로 생각 내어 관 닦으면 병이 되니
이렇게 하지 아니하고,
세간의 산란함과 얽매임의 소용돌이 떠나,
있는 그대로 본체에 자연스럽게 안주하여,
심의心義를 잘 호지하고 닦을 수 있기를 원하옵니다.

거칠고 미세한 망념의 파도가 스스로 적정해지고,
평정한 마음의 하류河流가 자연히 머무르며,
혼침과 산란함의 더러움 떠나
견고부동의 선정해禪定海 얻기를 원하옵니다.

볼 수 없는 마음 자주 관찰할 때에
볼 수 없는 뜻 밝게 꿰뚫어 보며
이것인가 저것인가 의심스러운 생각 영원히 끊어서
어긋남이 없는 스스로의 면목 증지證知하길 원하옵니다.

대상에서 마음을 보아 대상을 보지 아니하고,
마음에서 마음의 체성이 공함을 관찰하며,
이자二者와 이집二執이 스스로 해탈되어 있음을 관찰하여,
광명 심체心體의 실상 증득하길 원하옵니다.

의식을 떠난 이것이 바로 대수인이며,
분별을 떠난 이것이 곧 대중도라,
이것이 일체에 두루함에 이름 하여
대원만이라 하옵나니,
결정신決定信 성취하여 하나를 지知함이
일체를 지知함이 되길 원하옵니다.

탐착하지 않는 까닭에 크나큰 즐거움이 끊어지지
아니 하고,
상에 집착함이 없기에 광명이 번뇌의 장벽을
떠나게 하옵나니,
의식을 초월하고, 분별없는 그대로 임운하여,

억지 수행 떠난 끊임없는 행을 원하옵니다.

탐착과 선묘각수善妙覺受도 스스로 해탈되어 있고,
미란악념迷亂惡念도 그 성품은
있는 그대로 청정하며,
취사 득실의 평상심은 본래 없는 것이니,
희론 떠나 법성의 근본 진리 증득하길 원하옵니다.

중생의 성품은 비록 언제나 불성이지만
깨닫지 못하여 한없이 윤회하고 있사오니,
고통 속의 한량없는 유정중생들에게
언제나 참기 어려운 대비심 일어나게 하여 주옵소서.

참기 어려운 대비심이 멸하지 아니하고
끊임없이 일어날 때에
체성인 공의 뜻이 적나라하게 나타나오니
이것이 어긋남을 떠난 가장 뛰어난 쌍운도雙運道라,
밤낮 없이 언제나 이 관에서 떠나지 않길 원하옵니다.

수행으로부터 나오는 천안통 등의 여러 신통은
유정들을 성숙케 하고 여러 불찰佛刹을
청정하게 하며,

붓타의 뛰어난 법과 모든 대원을 원만히 성취하여
주옵나니
구경의 원만한 청정함 이루어 성불하길 원하옵니다.

시방十方의 붓타와 불자의 대비력,
일체의 청정한 선업력善業力을 지니고,
그 힘에 의지하여 자타가 모두 청정하게 되길
기원하오니,
여법하게 임운任運하여 성취할 수 있게 되길
원하옵니다.

참고문헌

劉銳之,「諸家大手印比較硏究」上(『法相學會集刊』 제1집, 1968.10)

_____,「諸家大手印比較硏究」下,『法相學會集刊』 제2집, 1973.6)

張澄基,『佛學四講』(台北, 華嚴蓮社, 1969)

貢噶上師 傳授,『恒河大手印直講』(臺北, 自由出版社, 1979)

邱陵 編,『藏密修法精粹』(北京工業大學出版社, 1991)

邱陵 編,『恒河大手印講義詮釋』(『藏密修法精粹』, 北京工業大學出版社, 1991)

邱陵 編,『椎擊三要訣勝法解說銓釋』, 위의 책.

貢噶上師 傳授,『椎擊三要訣勝法解』(臺北, 自由出版社, 1979)

劉青平 등 主編,『密宗功修持要法』(陝西撮影出版社, 1993)

張澄基, 역주,『密勒日巴大師全集; 歌集上下』(臺北, 慧炬出版社, 1980)

『大手印頓入眞智一決要門』(위의『密宗功修持要法』)

『大手印頓入要門』(위의『密宗功修持要法』)

『于大手印十二種失道要門』(위의『密宗功修持要法』)

無垢光尊者,『大圓滿禪定休息淸淨車解』(臺北, 自由出版社, 1979)

박건주 역주,『능가경 역주』, 서울, 운주사, 2010(초판), 2011(재판)

박건주 역주,『楞伽師資記』, 2001(초판), 2011(개정판)

원효,『금강삼매경론』(『대정장』 권34)

찾아보기

元照 박건주

전남 목포 출생. 전남대 사학과, 동 대학원 석사. 성균관대 대학원
사학과 문학박사(동양사). 성균관대, 순천대, 목포대, 조선대에 출
강하였고, 현재는 전남대 강사, 동국대 동국역경원 역경위원, 전
남대 종교문화연구소와 호남불교문화연구소 연구이사.
저서에 『중국 초기선종 능가선법 연구』, 『달마선』, 『중국고대사회
의 법률』 등이, 역서에 『능가경 역주』, 『능가사자기』, 『절관론 역
주』, 『보리달마론』, 『아시아의 역사와 문화 I : 중국고대사』, 『위없
는 깨달음의 길, 금강경』, 『하택신회선사 어록: 돈황문헌 역주1』,
『북종선법문: 돈황문헌 역주2』 등이, 그밖에 중국고대사와 중국
불교사에 대한 여러 전공 논문이 있다.

티베트 밀교 무상 심요 법문

개정판 1쇄 인쇄 2015년 7월 10일 | 개정판 1쇄 발행 2015년 7월 17일
박건주 역해 | 펴낸이 김시열
펴낸곳 도서출판 운주사

(136-034) 서울시 성북구 동소문로 67-1 성심빌딩 3층
전화 (02) 926-8361 | 팩스 0505-115-8361
ISBN 978-89-5746-431-1   03220   값 11,000원
http://cafe.daum.net/unjubooks 〈다음카페: 도서출판 운주사〉